優渥叢書

優渥叢書

海期刀神的

60分K 獲利術

〔全新修訂版〕

一小時學會「均線與斜率」
賺 100% 的致勝雙刀流！

刀神◎著

CONTENTS
目錄

CONTENTS
目錄

授人以魚不如授人以漁，
建立投資心法才能笑傲股市

財經訂閱平台執行長　詹TJ

　　交易市場中，大部分散戶的交易紀律與心理素質，往往都相當薄弱。在股市中，沒跌過跤就能讓獲利奔跑的交易天才，根本是不存在的奇蹟。每一位能持續征戰於市場、真材實料的「素人投資老師」，都是在承受鉅額損失、無數日夜的身心煎熬之後，才得以練就一套完整的交易心法。

　　相信大家都聽過「一萬小時定律」，任何人想從平凡變成超凡的必要條件之一，就是得經歷如此龐大的時間淬鍊。若是以每天8小時來換算，要成為某一個領域的專家，至少需時5年。

　　但千萬別誤解，以為只要「大量」練習就可以帶來「質變」，其實練習的「品質」也不可忽略，也就是說，「刻意練習」才是決定你我成就高低的關鍵。

　　累積20年投資功力的刀神老師，這次初試身手推出第一本著作。不看則矣，一看便發現誠意滿滿，料多實

在。**他在書中完全不藏私地傾囊相授，公開諸多他對國際市場連動性的觀察與心得、獨創的藍綠戰法、解盤的訣竅、策略的擬定、心法的磨練等細節。**

我個人因為工作之便，接觸過形形色色、不同交易技術面向的素人投資老師，在剖析這些能人強者的成功之道後，發現其實是殊途同歸。「**順勢交易**」、「**控制賺賠比**」、「**SOP紀律操作**」，都是大家耳熟能詳、淺顯易懂的道理，也真的就是這樣而已。

我也一直相信，交易是可以被訓練的，只不過交易的風格絕非照本宣科，而是相當個人化的一門學問。

沒有哪一位老師的方法可以放諸四海皆準，因為每個人的性格與客觀條件都不盡相同，不見得適合你我。但是，透過學習模仿、一萬個小時的練習、上千次的驗證，之後就會質變、內化為你個人的交易系統，變成一個專屬於你自己、可繼續精進且用來順手的神兵利器。

本書並非只是一本談論技術分析指標的指南，而是一本凝聚了刀神流派的技術策略、實戰紀錄與交易心法的刀神流交易聖經，注入了老師「授人以魚不如授人以漁」的熱情誠意。

具有一定投資經驗的台股投資人，其實已具有足夠實力去挑戰海期交易，如果有幸閱讀本書，必定可以少走很多冤枉路。

　　對於初出茅廬的交易者而言，在漫長的交易學習進程中，本書肯定會在不同時期帶給你不同的提醒與體悟。

用紀律根治 10 大交易症頭，成為市場前 10% 的勝利者！

刀神是何許人也？

我叫刀神，外號是來自我的英文名字Dawson，發音聽起來就像是刀神，而「刀」字可聯想到道瓊指數的道（Dow），美股後來也成為我的提款機。刀神這名字符合我下單的快與精準，我會在本書無私分享刀派獲利法，提供每一位有心學習海期的投資人參考。

算一算，我投資股市是從念交通大學時開始，起初我做台股只是玩票性質，剛開始曾經歷過聽明牌內線慘賠千萬、以及台股飆漲時的爆賺，可說是苦甜都嘗過。直到開始做海外期貨交易，才找到真正穩定長期獲利的途徑，就像是一個取款ATM。不論市場是多是空，我一個成功的波段操作，單筆獲利都是以上千甚至上萬美元起跳。

多數投資人都是死守台股，但我在美國留學時，接觸到美股、以美國四大指數為連動的海外期貨，後來還延伸到日股、香港恆生等，它們逐漸成為我的投資標的。經由20年的投資經驗，我的波段獲利常是百萬台幣起跳，大

單獲利已經是我的日常。

如今我以海期為主，台股為輔。**我在海外期貨的投資商品佈局就像八爪章魚，看到一個訊號，我可以同時佈局多個商品，撒網捕獲大鯨魚。**

不藏私分享刀派精髓，讓你立足世界市場

海期相較台股，看盤時會發現它的技術指標更鮮明、更具參考意義。這是因為台股是淺碟市場，容易被少數主力掌握，個股洗刷幅度大，而海期是艘大船，國際資金都在上面，要轉彎前肯定會有徵兆，也就是預留空間給你卡位下單。想知道如何掌握下單點位，就要靠本書分享的刀派神技。

如何證明我的刀派實力？其實，我已在臉書社團無私分享獲利單，所以「刀粉」長期都看到我的獲利表現。我也以實戰方式，讓刀粉看我下單的狀況。與坊間老師貼獲利單不同，我不怕自己的投資組合被檢視，不會只貼獲利而避開停損單。

我起心動念出這本書，除了想給自己做個紀念，也希望送給大家一支釣竿，讓每個投資人都能一直釣魚來吃。國際投資市場之大，有比台股更能快速取款的地方，而我要傳授的釣魚技巧——技術指標，可以同時適用於海期與台股。

　　這本書可以從三大層面來看，一是投資心法、二是投資技術、三是投資經驗實戰；從理論到實際，我在每個層面都不藏私。

　　關於投資心法，我的方法包括哨兵理論、老二哲學等，**教你抱單順勢，以及如何控制投資部位，讓你無壓力獲利，不會賺一點就跑**，或是慘遭大賠仍硬凹不出場。

　　尤其交易遭遇洗盤時，要心如止水、按兵不動，其實比下單還要困難，這當然關係到你把金錢看得多重，也就是這筆錢的損益對你生活的影響有多大。換句話說，要維持良好的心境來進行操盤，第一件事就是資金控管！投資的第一個重點，是將資金的損益控制在自己能夠心如止水的水位，才是正確的觀念。

　　有了心法，就要深入投資的技術面，想要在投資「武林」有立足之地，技巧就是你的武器。即使你只是小散戶拿著「美工刀」，跟大戶拿「開山刀」對拚，也不是只有輸的份；**只要你能掌握技術面，並且搭配心法與紀律，仍然可以穩定獲利，從小單開始累積財富。**

　　從投資技術來講，投資海期與台股的最大不同在於，**台股講求勝率，但是海期是勝率低也能賺錢**，例如勝率只有四成也能賺錢，祕訣就是賺賠比。在海期上若能練到賺賠比1:3，也就是一次獲利夠你賠三次的錢，就算是初步的勝利，我的賺賠比通常能達到1:6，所以賺一次就足

夠抵消我的虧損。

從設好停損開始，打造個人專屬的交易系統

我常看到學員出現一種狀況：賺錢的時候，只賺200美元就下車，不敢長抱，但是遇到虧損時，卻凹到1000美元也不願意下車，想撐到凹回來。在海期操作上，這是務必克服的心魔，克服後才能練成優異的賺賠比。

而且，**賺賠比也涉及停損，也就是千萬不要有「戀股情結」，將賠錢的單子抱到天荒地老，肯定會從股市畢業**。因此，下單前就要先想好停損的價位，例如跌破5日線就出場，然後等到洗盤完成的訊號出現，例如跌破後站回5日線再進場，可以避免被主力無止盡的洗盤，洗到沒信心，最後認大賠出場。因此，交易的要訣是每一筆都要有策略。

所以，若你有海期投資經驗，是否有過一口5000美元獲利的單，或是有過10000美元的單？如果有，代表你熟悉技術，懂得對抗心魔，可以找到適當的進出場點，進而抱波段單。

同時，海期投資人透過程式下單是主流，主力為了甩掉散戶，通常會透過程式單，讓指數突然下殺或上漲，短短幾秒就能把大量散戶的倉位洗出場。所以，在海期下單後，一定要透過觸價系統，設定停損保利單來保護自己的

部位。

投資武林裡有各式各樣的功夫，刀派精髓是由淺入深。我會談論實務上遇到的很多困難，而不是只告訴你：刀神好棒棒，照著我的方法就一帆風順。我也會盡可能提醒大家投資的險惡面，而刀派最終精髓就是建立自己的一套交易系統。

個人化交易系統是一支釣竿，讓你學會如何釣魚吃一輩子。每天在網路上尋找機會的你，總有一天要學會自行判斷的能力。不過，大部分的人遇到的問題，並非沒有適合的投資標的可以買，而是即使我和你買同一支股票，你能複製一樣的獲利嗎？

大多數情況下都是「不能」，因為投資人就算是買對了飆股，往往會因為沒能遵守操作紀律，而失去獲利契機。你說是不是這樣呢？

總結，本書專治下列症頭：

1. 找不到買賣點。

2. 經常看對做錯。

3. 什麼課都去上，還是沒賺錢。

4. 勝率很高，但輸一次賠很大。

5. 一天不交易對不起自己。

6. 情緒起伏太大，承受不了壓力。

7. 重倉下注必賠，下小注都賺錢。

8. 每天參加 Line 群，人家都賺錢，自己卻賺不到錢。

9. 跟別人都用一樣的指標，但是每次解讀答案都不同。

10. 以上皆是！

　　對於有上述症頭的人，本書是很好的啟蒙，請記得股票市場是零和遊戲，九成的人輸錢，只有一成的人賺錢。因此，要努力成為那一成會賺錢的人。

　　本書志在培育投資人，協助讀者建立一套適合自己的交易系統，意思是在**學習技術分析的技巧後，搭配自己的個性與資金部位，內化成一個專屬自己的交易系統，然後有紀律地完成投資當中的每一件事**，如此一來，獲利便是自然而然的結果。想要達到這樣的境界，肯定需要時間累積，但願所有投資人早點體悟這個硬道理。

 溫馨提醒：

　投資理財必有風險，宜量力而為，並自負盈虧之責。

NOTE

學會刀派心法，
第一次投資海期就上手

1-1

台股不是唯一的選擇，你還可以……

　　國內投資台指期貨的人很多，不過投資人一旦跨入海外商品與指數期貨，可能會發現原來投資台灣不一定有主場優勢。

　　事實上，國際級的交易市場因交易量大，技術線型的**參考價值更高，一旦養成一套屬於自己的交易系統，掌握賺賠的風險，要在海期長期獲利，並讓自己達成財富自由並非難事。**

　　舉例來說，投資人對於赴海外買房的訊息通常都不陌生，但關於購買海外的石油、黃金、美股指數等商品，似乎訊息就沒那麼完整。實際上，買房子是種槓桿投資，用200萬元的自備款加上貸款，可以買到1000萬的房子，槓桿大約5倍。

　　期貨也是一樣的算法，差別在沒有抵押品，但流動性更佳。例如，黃金期貨目前一口保證金大約5000美元

（浮動），可以買實際12萬多美元的黃金商品，放大倍數約30倍。

　　不過，水能載舟亦能覆舟，30倍的概念就是，假設花同樣的錢，在台股可以賺或賠到1000元，套在期貨槓桿上，就會將賺賠的幅度擴大到3萬元。

　　建議資金不多的新手，可以選擇投資微型商品。石油、黃金、日經指數等都有小型商品，例如微型黃金期貨，一口保證金不到500美元就能投資，跳動1點賺賠1美元，最小跳動點為0.1點。

📝 微型商品

　　期貨交易所為了提供交易人更多選擇，同一個標的物會設計出不同大小規格的期貨商品，例如道瓊指數的相關掛牌交易期貨商品，有S&P500股價指數（SP）與E-mini S&P（ES，又稱小S&P），或是台指期貨跟小台等。

　　近年，芝加哥交易所（CME）更進一步推出微型期貨合約，小規格、低門檻，為資金有限又想參與相關商品市場的投資人，提供新的便利選擇。

圖表1-1 購買期貨的槓桿計算方式
（註：保證金依公告為準）

例如　黃金期貨一口合約規格：100盎司黃金
黃金期貨：目前指數約1500點 合約1點＝100美元 保證金5000美元 槓桿：1500*100/5000＝30倍

　　由於台股池子小，外資、主力、作手遍佈，只要單一主力有動作，就能影響某檔股票股價，造成巨大的漲跌幅。相較之下，海外期貨商品每日動輒交易數萬、數十萬口，恐怕只有美國政府發推特宣佈政策走向，才能動搖指數價格。

掌握世界市場動向，讓你海期、台股兩得意

　　目前從台股跳槽到海外期貨市場的投資人，大致分為幾類。一類是白天看台股、晚上看海期的積極型投資人，爆肝也要賺。還有一類是乾脆把海期當主場，台股台指當輔助的投資人，主要獲利來自海期的每日跳動，他們投資台股的方式可能是較保守的存股，或者依據國際情勢適當佈局台股。

　　海期投資的好處在於，海期波動較大，獲利速度較快，甚至可以補足台股，當成是風險分散的方式。舉例來

說，中美貿易戰時，川普在2019年8月上旬說要與中國暫停貿易關稅協商，美股應聲下跌。

當時台股還沒開盤，熟悉海期的投資人只要此時順勢做多黃金、放空美股指數，就可以捉住大筆獲利的機會。不過，如果只有做多台股，開盤後便只能坐等苦果。

我在近20年前進入股市，一開始的投資方式也是勤奮打聽內線，沒想到聽了內線消息後再做投資，卻反而虧損，才開始自學技術分析，並嘗試接觸海外期貨這個聚集國際資金的市場。後來，搭配我自創的藍綠戰法，加上紀律操作，不論趨勢是往上或往下，都能順勢交易獲利。

目前我主要透過期貨選擇權獲利，對於台股則是先從國際趨勢判斷走向，再找主流股進行投資。

我投資海期的心得是，一旦投資人掌握世界投資的板塊，更容易清楚看出台股的走勢，以及適合的進出場點。投資人甚至可以從台股的外資走向，預測美國股市接下來的走法。**海內外的劇本向來都是同一套，看對方向後，把資金放對位置，獲利就只是投資的日常。**

圖表1-2 **2019年8月某一天的對帳單**
（註：除小恆生指數單位為港幣，其餘均為美金）

交易所	商品	買賣	未平倉口數	未平倉損益	成交均價
CBT	小型道瓊指數 201909	買進	4	2,620	25,860
NYM	白銀201909	買進	4	7,850	1,645.25
CME	小NASDAQ 201909	賣出	2	17,915	8,000.625
NYM	黃金201912	買進	4	5,320	1,489
CME	迷你 S&P201909	買進	2	1,525	2,868.5
NYM	輕原油 201909	賣出	5	6,000	54.5
HKF	小恆生指數 201908	買進	9	6,980	25,899.4444

1-2

做海期的第一步，得了解「原始保證金」和「維持保證金」

投資海期時，第一步是必須了解海期保證金的制度。本章末附的表格（見**圖表1-6**）已經統整歸納海期主流商品的保證金制度，讀者可以看出，一口保證金的差距幅度其實相當大，從指數類的一口將近20萬台幣，到A50一口3萬台幣都有。

國內券商有完善的流程，可以幫助投資人開設海外帳戶。只要在手機下單程式中，把國內帳戶的資金，移轉到外幣帳戶，在原始保證金足夠的情況下，就能直接進行海期投資下單。

由於保證金是由芝加哥期貨交易所等單位決定，且金額浮動，每隔一段時間便會有差異，但變動不會太大，各券商也會定期更新保證金的變動資訊。

投資人可以在帳戶資訊中，看到「原始保證金」和「維持保證金」兩個數字。**前者是投資下單前，帳戶內必**

須保有的保證金，後者是投資人手中持有留倉部位時，帳戶內每一口權益數都必須計算維持的保證金。投資人若要繼續持有部位，就要確認這筆金額，萬一不足時，會被追繳或是強迫砍倉（賣出）。

以小道瓊來說，原始保證金為6050美元，維持保證金為5500美元，跳動1點為5美元，換算賠損超過110點才需要補錢。

這樣的保證金制度看似麻煩，不過換個角度想，如果投資人不幸跟市場反向操作造成損失，在保證金不足的情況下被砍倉，代表損失不會無限擴大下去。

圖表1-3 ▶ 海期商品——小道瓊下單畫面

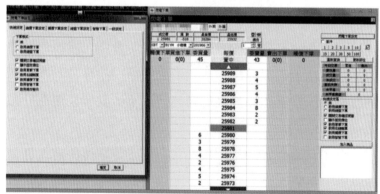

圖表提供：凱衛資訊－統 eVIP

選擇海期標的，先了解各種商品特質

　　海期的商品多元化，指數類的主流包含美股的小道瓊、小S&P、小那斯達克、陸股A50指數、港股恆指期貨等，還有小德國指數。金屬類有黃金、白銀、高級銅和微型黃金；外匯類的日圓是避險者最愛，而歐元和美元也是主流。

　　同時，值得投資人認識的還有日經225指數期貨，從下單系統中可以看到大阪（OSE）、芝加哥（CME）和新加坡（SGX-DT）三個交易所掛牌的日經225指數期貨，共有3種商品。

　　為何這麼多交易所會發行日經225指數期貨？原來新加坡交易所比日本更有慧眼，早在1986年就看好日本股市，因此率先發行連結日本股市的日經225指數期貨。

　　後來這項指數商品深受投資界歡迎，日本大阪交易所隨後推出大阪日經和小日經兩種商品。1990年，芝加哥交易所也推出以美金計價的日經指數期貨。2018年，新加坡交易所再推出迷你日經225指數期貨，把門檻拉低，吸引小資族投資，它是適合初階投資人先行練功的投資標的之一。

　　如果比較小日經與小台指這兩種期貨商品，大阪小日經的一口交易保證金約為6萬6千日圓，折合台幣計算還略低於小台指的保證金，所以深受小資族喜愛。小日經的

最小跳動點5點，等於500日圓，加上流動性非常好，相對上適合海期初學者。

不過要注意的是，**投資CME日經時，有美元與日圓計價兩種選擇，如果投資時適逢日圓貶值，可以選擇美元計價，避免賺了價差、賠了匯差。**

掌握跳動點的計算方式，也是新手必修科目

了解海期的分類之後，要怎麼計算獲利？要看每個商品的最小跳動值，也就是指數跳動一個基本點。上下盈虧的金額以台指期來說，跳動1點就是200元台幣，但海期每個商品不同，小道瓊最小跳動指數1點等於5美元，或者像小那斯達克最小跳動點是0.25，等於5美元。每個商品不同，**圖表1-6**已整理出資訊，只要下單幾次便能熟悉指數跳動帶來的獲利。

有時候保守型的投資人會戲稱，自己每天做的交易就像是在撿紅點或是蒐集點數，意思是每天當沖賺幾點海期，獲利幾百美金就相當不錯，一個月累積下來還可能高過自己的固定薪資。相較之下，資深海期投資人則通常是放波段趨勢單為主。

投資海期可以先從水淺的地方開始游泳，再逐漸往大海邁進。海期新鮮人可從小型商品練功，例如黃金期貨商品也有微黃期貨，原油也有小輕原油的選擇。投資人靠著

操作小型商品，**累積獲利的技巧與自信後，再投資大型商品，確保穩定獲利的基礎。**

　　台灣期貨交易所腦筋動得快，看準在台灣投資海外期貨的人越來越多，也發行「台版」美國期貨指數，例如台道瓊、台灣美國標普500期貨，與台灣那斯達克100指數期貨，適合保守者或小資族，保證金負擔比較輕，每點跳動盈虧也比較小。未來台灣可投資的美國期貨商品會更多元，進入門檻會更低。

　　以下針對海外期貨的幾種指數商品，舉出台版與海外版的差異。

　　台灣那斯達克是2019年9月才推出，每點跳動值為50元台幣，保證金目前為16000元台幣。相較「本尊」美國那斯達克期貨，保證金一口為8千多美元，每點跳動值為5美元，台版似乎更符合台灣投資人的期待。

　　小道瓊是美國芝加哥期貨交易所發行的商品道瓊指數，一口保證金為6050美元，而台道瓊是台灣期貨交易所發行的美國道瓊期貨，是一種衍生性金融商品，保證金一口是21000元台幣，相形之下親民許多。

　　小道瓊跳動1點為5美元，台道瓊則是20元台幣，投資人可以先從跳動幅度低的台道瓊開始做起，便能在練功過程中無痛感升級。

下單微型商品以前，你該留意……

不過，小型投資商品並非毫無缺點，因為小型商品的**手續費成本不會比大型商品低，只是保證金門檻低，以及跳動值較低**。因此，投資人在下手投資之前，要先計算手續費成本。

舉例來說，黃金期貨原始保證金目前約為5500美元（約為16萬元台幣），微型黃金則是550美元，等於黃金期貨保證金的一成。輕原油的原始保證金一口是4125美元，小輕原油則是2063美元。對於投資金額較低的投資人來說，微黃和小輕原油這種小型商品確實是進場門檻較低，堪稱首選。

但要特別注意，小型商品和一般商品的交易手續費其實是一樣。**所以在獲利策略上，對於小型商品必須找到更精準的點位進場，如此一來，在扣除交易手續費後，才能帶來值得的獲利。**

海期交易的手續費是多少？目前台灣各家券商，甚至每個期貨營業員，可以給的手續費都不同，處於一個不透明的狀態。有時候，初階投資人因為沒有經驗，會被收取高額的手續費。根據鄉野調查，手續費價差可以有2～3倍的差距，如果沒有取得手續費優勢，賺的錢可能還不夠付手續費，就白忙一場了。

　　所以在此建議，一定要多向其他投資人打聽手續費，或是多比較幾個營業員提供的手續費，然後找出最低的費用金額。

　　投資海期的優點之一是海期沒有交易稅，手續費已經包括所有的交易成本，因此取得手續費優勢是投資海期重要的一步。但要注意的是，個人在海期上的獲利若達120萬元以上，必須申報所得稅。一般自然人個人是120萬以上要報稅，免稅額670萬，獲利超過的部份要繳交20％所得稅。

　　打個比方，西德州輕原油與小輕原油的買賣手續費相差無幾，但是西德州輕原油跳動1點的獲利是1000美元，小輕原油則是500美元。由此可見，一樣的交易成本，賺到一點的獲利卻相差一倍以上。希望這個例子，能讓投資人理解手續費的重要性。

1-3

別鐵齒凹單，下單前要用「觸價單」才不會被洗出場！

　　海期獲利快，但是秒虧速度也快，為了避免有橫死在戰場的感覺，下單前要先了解停損、認輸的價位在哪裡，不能像台股一樣凹單，等幾年後價格回升再處理。

　　海期也不像台股會跌停板、漲停板，除了部分農產品有漲跌幅的規範以外，多數海期商品沒有漲跌幅限制。為了預防遇到反向悲劇，一定要養成下單後，隨即設停損單的習慣，這個SOP與台股下單習慣有很大的不同。

　　一般來說，做台股時，投資人在下單前可以自行預設出場價位，不過這並非必要的步驟。**但做海期時，切記在下單後，要立即同步在交易系統設定停損或保利點，也就是觸發價。這樣做是讓系統保護你的資產，以及預防非理性交易。**

　　舉例來說，2019年8月時，我曾經在指數高點放空小那斯達克、小道瓊和小S&P，當時的最高紀錄是靠放空，

2天就獲利200萬元台幣。我在平倉以後，又伺機等反彈後佈空，然而當週川普用關稅操盤，一下子說不和中國對談，一下子又和好，當中美傳出和好消息當天，指數上演軋空秀，讓我在系統中的佈局有如穿雲箭，通通噴發觸價出場。不過值得一提的是，當時雖然每檔都獲利縮水，但多虧事先設好觸發價格，因此全部安全獲利下莊。

　　海外市場與台灣有時間差，大部分海期都是開盤到台灣時間半夜，所以投資人設定觸價單後，就能安心睡覺，半夜也不怕國際政經局勢有變化，起床後再看看獲利距離成本是否拉開，或是已經在設定的價位出場。

　　目前並非所有商品都可以設定觸價單，這個系統不僅針對停損，也能設定保利，而且券商系統開發越來越進步，甚至能讓投資人透過線型的走向，設立不同位階的保利價位。

　　不過，在此提醒各位投資人，必須注意自己使用的券商系統，一般而言在設立觸價單的情況下，不能關電腦，網路必須一直連線，這是一個非常重要的小細節。

圖表1-4 觸價單圖示

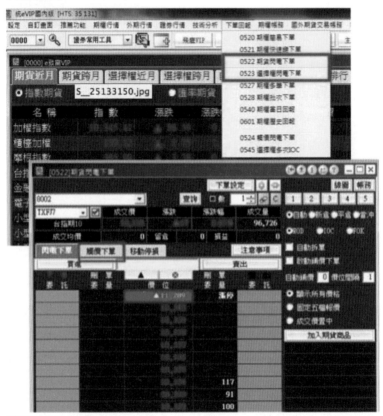

圖表提供：凱衛資訊－統 eVIP

投資必有風險，善用保證金預防非理性下單

　　然而，**海期投資仍有最後一道避免虧損過度的防線，就是追繳保證金制度與強制砍倉。**盤中如果權益數低於維持保證金，券商會透過電話或是簡訊示警，盤後如果總帳

戶淨值權益數低於總部位的維持保證金，投資人會收到盤後追繳保證金的通知，若隔日沒有補足保證金，還是會被強迫砍倉。

 風險指標

　　風險指標＝權益總值／（原始保證金＋選擇權買方市值－選擇權賣方市值＋依加收保證金指標所加收之保證金）。

　　當風險指標越高，代表資金槓桿風險越低，一般來說，理想的數值約在200％左右（當沖理想值）。

　　在這樣的風險控制機制之下，對投資較無把握的新手可以考慮不放過多保證金，讓可下單的口數被限制住，預防非理性的過度下單。

　　投資必定有風險，一般的股票投資若是作法不當，可能變成壁紙或是資金慘遭腰斬。融資買賣股票，也有被斷頭的可能性，其風險承受度與期貨指數商品相差無幾。

　　但是，很多人投資人仍以為投資股票的風險比期貨低。實際上，以台股為例，假如在國巨1300元買進，或是在宏達電1300元買進，那麼當兩檔股票一路下跌，投資人卻沒有執行停損時，當國巨跌到300元或是宏達電跌到50元低價，沒有保證金制度控管，投資人承擔的風險

恐怕比期貨交易還要大。

投資期貨時，若保證金餘額剩下原始保證金的25％，會被強迫砍倉，因此可以換算為最高損失75％。**由此可見，投資人無論是將資金投入股票還是期貨市場，養成良好的紀律才是上策，千萬別堅持到最後，讓市場逼你出場。**

1-4

留意「期貨結算日」與「第一通知日」，避免滿載而歸

　　海外期貨的制度是按照國際各期貨交易所來走，而不是自己國內的交易所自行制定。投資海期，一定要注意每日結算價，而非以收盤價來看，否則會以為自己賺的錢怎麼變少了。

　　對操作方式以當沖為主的投資人來說，結算價格就比較無所謂，主要是波段獲利者、會留倉多日者，需要特別留意。

　　期貨為什麼會使用結算價格來計算，主要是配合多空雙方的保證金劃轉機制。期貨結算價是以收盤最後半小時到一小時內，每5秒揭示一次的價格來平均計算，所以期貨不是看最後收盤價格來計算盈虧，這與股票有很大的不同。股票是以最後一盤的成交價為收盤價，但期貨是以結算價來計算收盤價，同時以結算價來計算隔日漲跌幅。

　　操作海期時，投資人必須特別注意每個商品的每月／

隔月結算日,也就是最後結算日。例如,契約到期月份的
15日,結算日通常為14日,但如果15日為週一,那麼
12日(前一個週五)將是結算日。**海期通常是每個月或
每兩個月,會有一次結算日。**

投資人也要搞清楚「第一通知日」(通常是最後交易
日的次日,例如2018年12月合約,11月28日為人工最後
交易日,11月29日為第一通知日)。買方必須在第一通知
日之前平倉,否則會被賣方履約進行實物交割,買玉米就
交割玉米,買咖啡交割咖啡豆。投資人應該不想體會這麼
刺激的交割。

同時,如果投資指數類期貨,強制交割則以現金為
主。**不論哪種海期商品,最好的方式是投資人在結算日以
前,自行平倉或是轉倉到次月交易。**

 第一通知日

除了指數期貨之外,多數的金融期貨與商品期貨在到期
時,都要進行現貨(實物)交割。依照各期貨契約的規定,
第一通知日為期貨契約賣方可向交易所要求買方交割的第一
個日子,此通知日會因期貨契約與交易所而有差異。

圖表1-5　海期商品結算日（依每年公告為準）

商品	1月	2月	3月	4月	5月	6月	7月	8月	9月	10月	11月	12月
輕原油（CL）	12/17	1/18	2/18	3/18	4/18	5/17	6/18	7/18	8/16	9/18	10/18	11/18
小輕原油（QM）	12/18	1/18	2/19	3/19	4/18	5/20	6/19	7/19	8/19	9/19	10/21	11/19
黃金／微型黃金（GC、MGC）		1/28		3/26		5/28		7/26		9/25		11/26
銅（HG）、熱燃油（HO）、無鉛汽油（RB）	12/26	1/28	2/25	3/26	4/25	5/28	6/25	7/26	8/27	9/25	10/28	11/26
天然氣（NG）	12/24	1/24	2/21	3/22	4/23	5/24	6/21	7/27	8/23	9/23	10/24	11/21
鈀金（PA）			2/25			5/25			8/27			11/26
白金（PL）	12/26			3/26			6/25			9/25		
白銀（SI）	12/26		2/25		4/25		6/25		8/27			11/26

　　了解海期的基礎投資方式，就可以進入投資心法與技術線型的學習。

　　剛進入海期投資領域的投資人會發現，海期與台股最大的不同，是台股投資人每年都要依附不同的主流股，忙著追東趕西，但是海外期貨商品（例如小道瓊、石油或黃金等），投資人一直都是關注同一種商品，就像日本的職

人精神，久了就能摸透商品的慣性，並透過各商品間的連動性，從中長期獲利。

　　只要前期練功打好基礎，建立良好的心態與妥善的紀律，同時善加研究吸收刀派的精髓，學習絕對是獲利的第一步。

圖表1-6 台灣主流海期交易商品（保證金依公告為準）

類型	台灣交易時間	一口保證金（美元）（浮動）	最小跳動值（美元）	最小跳動點	交易月份
指　數　類					
小道瓊（YM）	夏令：06:00～次日05:00（暫停：4:15～4:30）冬令：07:00～次日6:00（暫停：5:15～5:30）	6050	5	1	3、6、9、12
小那斯達克（NQ）	夏令：06:00～次日05:00（暫停：4:15～4:30）冬令：07:00～次日6:00（暫停：5:15～5:30）	8360	5	0.25	3、6、9、12
小S&P指數（SP）	夏令：06:00～次日05:00（暫停：4:15～4:30）冬令：07:00～次日6:00（暫停：5:15～5:30）	6930	12.5	0.25	3、6、9、12

類型	台灣交易時間	一口保證金（美元）（浮動）	最小跳動值（美元）	最小跳動點	交易月份
中國A50指（SCN）	T盤：9:00～16:35 T＋1盤：17:00～4:45	935	2.5	2.5	連續2個近月＋4個季月
小恆指（MHI）	T盤：09:15～12:00, 13:00～16:30 T＋1盤：17:15～23:45	22782（HKD）	10（港幣）	1	連續2個近月＋2個季月
摩台指（TW）	T盤：8:45～13:50 T＋1盤：14:15-04:45	1980	10	0.1	連續2個近月＋3個季月
貴　金　屬　類					
黃金（GC）	06:00～隔日05:00	4950	10	0.10	2、4、6、8、10、12
白銀（SI）	06:00～隔日05:00	4367	25	0.005	3、5、7、9、12
微型黃金（MGC）	06:00～隔日05:00	440	1	0.1	2、4、6、8、10、12

類型	台灣交易時間	一口保證金（美元）（浮動）	最小跳動值（美元）	最小跳動點	交易月份
輕原油（CL）	06:00～隔日05:00 最後交易日至2:30	4015	10	0.01	連續72個月
天然氣（NG）	06:00～隔日05:00 最後交易日至2:30	1815	10	0.001	連續36個月
小輕原油（QM）	06:00～隔日05:00 最後交易日至2:30	2008	12.5	0.025	連續72個月
外　匯　類					
澳幣（AD）	夏令：06:00～次日05:00 冬令：07:00～次日6:00	1485	10	0.1	3個連續月＋季月
日圓（JY）	夏令：06:00～次日05:00 冬令：07:00～次日6:00	1980	6.25	0.5	3個連續月＋季月
歐元（EC）	夏令：06:00～次日05:00 冬令：07:00～次日6:00	2200	6.25	0.5	3個連續月＋季月

備註：T盤為開盤時間內交易，T＋1盤表示盤後交易時間

NOTE

LESSON **2**

熟悉關鍵指標，
賺進全世界的財富

2-1

培養對國際股市脈動的敏感度，到哪裡你都能賺

　　我投資海期時，可以同時佈局美國四大指數期貨，包括小道瓊、小那斯達克、小S&P、和小羅素指數這四個微型E-迷你產品，再視情況搭配亞股的中國A50、上證指數和恆生指數，以及台指期操作。

　　看似菜很多，其實是用同一套邏輯去下單，從當下的態勢判斷劇本怎麼走。這是因為全世界的資金是同步運作，從亞股可以看出美股走勢端倪，有時美股也可能成為亞股前哨站，**對於國際股市脈動的敏感度，是在海期獲利最需要培養的能力。**

　　外資的資金是全世界佈局，所以投資要有整體牽動的概念，就像是一個拼圖，每一塊都相連，台股也是其中重要的角色。

　　許多的台灣投資人常觀察美股走勢，再來操作台股，而我則是常把台股的漲跌視為美股走勢的前兆。在我看

來，台股才是明燈，理由很簡單；**台股受外資影響大，市場小讓波動變化格外敏銳，外資稍有動作，台股最先表現出來；相較之下，美股則是艘大船，要轉向時還沒有台股來得快。**

　　例如2019年10月中下旬，美國總統川普被指控內線交易，當時美股下跌修正，但是我從兩條藍綠60分線（20/60 MA）來看，發現線型雖然跌破5日線，但在關鍵藍綠點位上有支撐（關於藍綠戰法，後續章節將詳細說明），以及當下台指期沒有什麼反應，還是停留在指數的高階位置。

　　既然台股明燈沒有反映利空消息，於是我在美股拉回時勇敢做多，果然隨後美股再度向上。這便是從技術線型判斷進場，不被新聞消息面拉著走。

　　台股有時像是一盞明燈，在國際股市還沒有大動靜時就先漲到月球去了，此時去佈局還未突破的指數，常有不錯的獲利空間。

　　我在此強調，**投資海期一定要有國際觀**，不要認為自己沒有投資日本、韓國指數，所以這些國外股市的走勢不關自己的事。回想當初1997亞洲金融風暴，是從泰國開始，如果國際股市之間真的沒有關聯，怎麼會搞到全亞洲淪陷？

　　所謂的國際觀，是要有連結力與想像力，綜合判斷後，

再對投資商品做出多空的判斷。我每天固定看的國際盤勢和龍頭股價走勢，多達20～30個以上，國際新聞更是隨時關注，時間一久，就能憑這些資訊來迅速解讀並且大致判斷大盤走勢。

2-2

S&P、道瓊、羅素、那斯達克……初學者該從何做起？

　　除了關心國際局勢以外，美股投資人還必須留意的是，**各美股指數成分不同，所以同一個局勢下，美股指數的漲跌也會有差異。**這與各指數內部的成分股構成有關，同樣一個時空，可能出現道瓊緩步漲，小羅素狂飆的景象。只要知道其中當家的是哪些龍頭企業，就能理解為何美股指數的個性差異這麼多。

　　道瓊是最為人熟知的指數，計算方式是用很簡單的算術平均數，你只要把這30家的股價加總起來，再除以一個特定的除數，就可以計算出來。換句話說，公司市值的大小完全和指數無關。至於其中使用的除數DJIA Divisor，則會定期調整，目的在於當成份股有分割（Split）、反分割（Reverse-Spilt）、除權息和調整成份股等狀況發生時，可以讓指數不至於出現偏離。

　　道瓊裡的公司都如同台股的台積電一樣，是大型權值

股代表，足以代表美股走勢。由於它們都是大公司，因此道瓊的波動相對於那斯達克、羅素指數等，步調更慢一點。海期初階者可以先從小道瓊起步。

投資美股前，一定要知道每個指數的幫主是誰。例如小道瓊的龍頭首推蘋果公司，其他成分股還有可口可樂、麥當勞、波音、嬌生、IBM等公司。所以，每當蘋果公佈營收，就會影響道瓊指數漲跌。

美股各指數都有重要的龍頭企業，從這些企業的股價漲跌，可以推測出指數走勢，這也是技術分析技巧的一部份。舉個明顯的例子，2019年10月中旬，當美股四大指數回檔時，道瓊指數下跌逾255點，是當中下修最多的指數。

探究其原因，原來是道瓊的成分股出狀況，10月18日時，其中兩大權值股都傳出不利消息。最大權值股波音公司，被爆出刻意隱匿波音737系統安全問題，可能導致飛安上的疑慮，於是它的股價下跌近7%。同時，嬌生公司宣布回收嬰兒爽身粉產品，原因是產品中驗出微量石綿成分，這個消息使它的股價瞬間下跌逾6%。

投資海期小道瓊還有個小祕訣，就是可以先參考道瓊運輸指數，因為兩者連動性大。道瓊運輸指數組成的成分是運輸類股票，包括陸海空運輸工具與物流相關股，可視為經濟景氣的指標，因為如果商業訂單減少，自然就是景

氣轉弱的趨勢，也可視為美股的領先指標。因此，我經常觀察道瓊運輸指數，來綜合判斷道瓊走勢。

那斯達克綜合指數，囊括所有在美國那斯達克交易所上市的股票。這項指數與台股的供應鏈股價變化，有很高的相關性。刀神常觀察亞馬遜股價，和NVIDIA（顯卡製造商）股價，它們是產業龍頭，屬於幫主地位，當幫主自身難保時，美股自然好不起來。其他像是瑜伽服飾品牌LULU LEMON，可作為台股供應布料的龍頭企業儒鴻的走勢參考。

拿海期商品小那斯達克來說，其跳動比道瓊活潑，漲跌幅度較大，是熟悉指數商品的投資人喜愛投資的商品。**建議剛入門的新手不妨先訓練盤感，再駕馭漲跌速度快的小那斯達克（簡稱小那）。**

不過，只說小那斯達克活潑亂跳，就是不把羅素放在眼裡。羅素指數由美國華盛頓州的Frank Russell公司發行，由美國中小型股組成，就像是台股櫃買中心裡，市值相對小的公司一樣，股價容易被炒作，所以指數商品小羅素常常活跳跳，當美股走勢相對平靜時，小羅素仍舊相當活躍。**因此對小羅素需要有更佳的盤感，才能掌握獲利。**

標準普爾500指數（S&P 500），囊括美國500家交易金額最高的上市公司，範圍比道瓊指數更廣，也內含在那斯達克上市的公司，因此**更為全面，也比道瓊指數風險分**

散，操作起來相對平穩，是投資海期重要的指數之一，微型商品小S&P 500和迷你S&P 500更是擁有為數眾多的投資擁護者。

如果拿風險或是操作難度來排名，在海期指數商品當中，相對平穩的投資標的是S&P500，而道瓊比較牛皮，因為只有30檔大型股，如果其中一家突然發生重大事件，例如波音公司財報欠佳，就可能拖累整個道瓊表現。小羅素最為活潑，類似台指的櫃買指數，適合更積極的操作者，在此我不建議初學者接觸，因為初學者在投資策略上，應先以保守為宜。

2-3

掌握美股關鍵數據，就能加快獲利速度！

　　操作台股時，投資人會發現，每當台灣官方發佈就業率、GDP成長率時，皆不會對股市立即產生影響，甚至股市會在官方數字確定衰退或是成長之前就已經反映完畢。但是**美股與台股差異極大。美國官方公佈關鍵數字會立即影響股市、匯市和期貨**，因此懂得掌握節奏，獲利速度會加快。

從非農就業指數中，搶先看出景氣跡象

　　首先提到的是「非農就業指數」（NFP），這是每個月第一個週五，美國勞動部會定期公佈的數字，由於公布時間是台灣時間的晚上八點半左右，海期投資人通常在台灣時間晚上就會屏息期待數字公佈。

　　非農按照字面就能了解，是扣除農業就業後的就業人口，代表在公司行號上班的人口就業狀況，美國地大，農

業人口多，扣除農業人口後，剩餘的才是薪水族、從事工商業發展等就業人口，就業人數增加代表工商景氣好轉，反之亦然。

非農就業指數也牽動貨幣市場，尤其美元是世界最大貨幣，如果美國景氣趨緩，美元就會走弱，同時美股也跟著下跌，這時避險性質的貴金屬如黃金、白銀就會上漲。換句話說，光看一個關鍵數字就能佈局多樣商品，是否相當划算？

因此，在非農就業指數公佈的瞬間，儘管是晚上，仍有不少台灣海期投資人會看準時機，守在下單軟體前，以求吃下公佈後的急漲或急跌指數。

判斷非農就業指數的好壞要觀察三個數值，包括前值、預測值和公佈值。前值為上個月公佈的數字，是一個比較基礎，預測值則是這一個月來市場預測的數值，而公佈值是政府公佈的最新數字。**如果公佈值比預測值來得低，將不利美元、美股；如果比預測來得高，將有利於美元、美股。**

FED升降息是美股嗎啡，投資人務必關注

透過觀察非農就業指數，投資人也可以進一步預測美國聯準會（FED）的升息或降息。因為如果非農就業人口增加幅度大，代表景氣好，就沒有降息的立即必要，或者

可作為升息的暖場。

FED公佈的聯邦基金利率與美股連動性大，所以當美國總統川普執政時，聯準會主席鮑爾（Jerome Hayden Powell）沒有按照川普的意願降息2碼（0.5%），就引發他的不滿。川普把美股漲幅視為執政的績效，因此他的行為可以印證，降不降息對美股很重要。

FED的升息與降息，後來變成股市嗎啡。如果有心人希望美股好，就會運作降息，這時市場通常會買單導致股市大漲，因為利息變低、資金變寬鬆，等於政府印鈔票，會有更多錢流入市場投資，以及擴充商業行為，所以降息像是打嗎啡一樣，美股翻紅機率很大。

不過，打嗎啡還是要看狀況，有一種情形是，市場預期FED會在未來半年降息兩碼，結果FED公佈，只有降一碼（0.25%），這不符合市場預期，股市就會翻黑抗議。

投資人可以花點時間，觀察琢磨這兩個指標對美股的綜合影響性，再逐漸參透。這裡以2019年7月當時的情況為例，週五台灣時間晚上八點半，美國公佈非農就業人數，結果與前期相比大增22萬人，比原先預期的16萬人還多出不少。

消息公佈之後，市場立刻自己定調，非農就業指數大好，代表景氣趨好，那麼FED將在7月30、31日進行的

決策會議，市場原先估計將降息2碼，根據這個數字來看，很可能將降為1碼，甚至不降息，因為不需要靠降息來振興市場。

此市場共識使刺激美股上漲的興奮劑沒了，於是週五道瓊收盤下跌43.9，跌幅0.16％。

結果當年7月的決策會議，真的只有降息1碼。其實股市神算很多，只要用心鑽研，你也可以變神算。

當時我在非農就業數字公佈後，馬上做空指數，但做多石油，因景氣看好，就可預期石油需求增加。同時也伺機做空避險用的貴金屬。

只要靠少數關鍵訊息來進行判斷，就能多方佈局數種不同的商品，搭配技術線型操作，久了也會是半個神算。但最重要的是投資人在進行操作時，務必保持情緒穩定，才能做出正確判斷並下手，否則一旦猶豫，機會可能稍縱即逝。

2-4

勝率9成的四巫日投資秘訣，刀神說給你聽

　　美股一季一次的四巫日（Quadruple witching day），被戲稱是四個巫婆相聚的日子，而這四個巫婆就是**四大衍生性金融商品，分別為股票指數期貨（例如：小道瓊期貨、小那斯達克期貨、小S&P期貨等）、股票指數選擇權、個股期貨、個股選擇權。**

　　四巫日分別在3、6、9、12月第3個週五的衍生性金融商品到期結算日，此時通常商品價格會有較大的波動。不喜愛冒險的人，可以避開四巫日，但是高手則可以靠四巫日進補。

透過統計數據，發現高勝率的佈局戰法

　　提到高手在四巫日的獲利手法，我可以在此無私透露。過去有專家提到四巫日是拉低結算機率高，但是刀神團隊仔細統計過代表美股的S&P500指數期貨，過去2年

在四巫日結算的當週操作，發現拉高結算機率高達九成，所以順勢做多，贏錢機率較大。

由於每個人佈局倉位的價格都不同，刀神團隊把換倉當天的收盤價，統一作為開倉價來計算（當然個人佈局的價格可能比這個還低），然後把此開倉價和結算當週的開盤價比較，如果開盤價高過開倉價，就順勢做多；相反情況則做空。

經過統計後，刀神團隊發現，10次結算中，竟然僅有1次是做空，而做空那次的賺錢幅度是兩年以來最高，做空的獲利速度極快。

從**圖表2-1**可以得知，四巫日有高達九成機率是拉高結算，所以想在四巫日獲利，手腳要快，判斷後可以嘗試順勢交易，多練幾次，四巫日就是送錢日。

但是，四巫日是極短線操作，在盤勢不穩時，往往才剛拉高結算後，便隨即下殺。這時若是手腳太慢，反而會被反咬一口。**四巫日僅能視為拉高結算的保護傘，但保護傘很快就會失效，隨即恢復大盤應有的樣子。**

圖表2-1　S&P結算週統計

年	結算季	開倉價	結算週開盤價	結算價	順勢操作	勝負	賺賠點數			
2019	第3季	2950.5	3179.5	3213.5	做多	勝	34			
2019	第2季	2829.75	2895	2950.5	做多	勝	55.5			
2019	第1季	2413.5	2750.5	2829.75	做多	勝	79.25			
2018	第4季	2933.75	2595	2413.5	做空	勝	181.5			
2018	第3季	2784.5	2909	2933.75	做多	勝	24.75			
2018	第2季	2756	2776.75	2784.5	做多	勝	7.75			
2018	第1季	2682	2788.75	2756	做多	負	-32.75			
2017	第4季	2497.25	2655	2682	做多	勝	27		做多率	90%
2017	第3季	2431	2467.75	2497.25	做多	勝	29.5		順勢勝率	90%
2017	第2季	2375.25	2428	2431	做多	勝	3		平均賺賠點數	37.9
2017	第1季	2258.5	2367.75	2375.25	做多	勝	7.5			

　　結算日開盤價若大於開倉價則做多，若小於開倉價則做空。舉例來說，在**圖表2-1**中，2019年6月合約（第2季）的四巫日結算價2950.5，做為9月合約（第3季）開倉價。9月合約的四巫日結算週的週一開盤價，與上述的開倉價比較，若大於就做多，若小於則做空。

　　依此類推，這就是贏家通殺的道理。

2-5

想在海期獲利，你還要注意國際突發事件

投資海外期貨，上述的美股關鍵數字都是定期會發生或公佈的資訊。**但投資海期也需要注意突發的國際事件。**例如2018年開始的中美貿易戰，稍有消息就可能造成指數劇烈震盪，當時美國總統川普的推特，是投資人每天關注的焦點，他也被稱為地表最強分析師，他只要在推特講一、兩句話，指數馬上反轉或跳空，而且即使再弱的盤都能跳空，高檔走勢也能瞬間下殺。

川普的推特效應也曾遭到質疑。曾有一位資深芝加哥期貨交易員發文指出，有內情人士在2019年6月28日，川普發佈中美貿易戰的重大進展前，即敲進42萬口9月標準普爾500的期貨，約占當天四成交易量，結果隨後的週末川普宣布美中貿易談判重回正軌，使得美股大漲，足以讓該筆大單獲利18億美元。

另外像是原油也是國際投資人喜愛的投資標的。當原

油價格在低檔時，常會出現炸油船事件，例如2019年10月11日當天，伊朗國家油輪公司有一艘超級油輪傳出爆炸起火事故，疑似是遭到飛彈攻擊而炸毀，被外界解讀為恐怖攻擊，恐影響石油供需。

在這事件發生的前幾天，石油價格都位處於低檔，但在發生「意外」後，價格隨即被拉高，一天後又再度回跌。海期投資人已經對炸船事件有自己心照不宣的解讀，甚至還戲稱「石油主力太強大」。只要油價在低檔區，就可能巧合的出現油輪被炸毀的事件，令油價上漲。

做海期投資時，不僅要仔細觀察相關的局勢走向，更要留意背後是否有人為刻意操作的可能性，避免貿然進場的風險。

NOTE

NOTE

60 分 K 的 4 招技術線型，讓你一秒看出多空

3-1

有紀律運用技術線型，才能抓到對的進出場時機

我是技術線型派操作者，這種作法與靠基本面操作不同，後者是尋找有產業潛力的股票投資，需要等待題材發酵，屬於中長線佈局者。但技術派是獵犬，嗅到資金流向就往前衝，也就是會**把資金放在指標股，依照技術線型找進出時機，賺取波段價差，以短時間的報酬率以及勝率為目標。**

技術面操作者認為所有的資訊都會反應在價格上，所以不會依照消息面進出，畢竟現在的新聞真偽很難判斷，常常新聞就是有心人士操作用的出貨文，股價飆漲前，已經有人先知道並進場，事後才有新聞曝光，讓股價漲停後快速賺一把出場，不知情的散戶若是因為新聞而進場，往往只能慘遭坑殺。

如果按照技術線型進場，會發現這些標的常常是在開始獲利以後，新聞才出來，此時便是觀察下車時間。最好

的進場時機通常都是在消息尚且曖昧不明的時候，等到有明確利多出現時，反而應該是出場時機。

　　根據我的觀察，不少飆股其實都只是主力炒作半年而已，耐心有限，也難以持久獲利；而我的技術交易策略，卻可通用在海期與股票期貨，也就是說，掌握一套完整的交易心法，可以多方面佈局在不同商品，享受收割獲利的樂趣。

　　技術線派是就線論線，投資進出場點都有紀律，不到你要的點位，絕不輕易進場。雖然不見得每次都能買在最低點、賣在最高點，但是順勢交易比猜頭摸底的獲利更長久。從技術線型找進場點，所追求的是**每次交易的勝率，而不是幅度**。最高點永遠是主力用來吸引散戶進場接貨的，只有主力能精準賣在最高點。

　　我在近20年的投資生涯裡，累積出完整的交易心法，**這套心法的核心是「藍綠戰法」，並搭配技術線型派中的正負背離、乖離，K棒以及形態判斷，加上累積多年的良好盤感，養成良好賺賠比記錄，**因此不僅可能做到月入百萬，甚至是遇上大行情，一日百萬台幣的記錄都有。

　　在投資的路上，許多人追求複雜的交易技巧，認為太簡單的手法不可能賺到錢。其實技術派的每個關鍵技巧拆解後都不難，真正困難的是互相搭配後，穩定心性並按照紀律下單。

即使你已經是一位技術線型的老手，一定也有過這種經驗：手上持股的線型下跌，甚至跌破了支撐，但卻還不願認輸，於是努力凹單不願出場。這就是心裡想的和手指下單永遠不一致，一流的分析師，不見得能成為一流的操盤手。

其實這正是交易最難的地方，**投資人不必求贏過市場，最重要的是能戰勝自己就夠了**。所以有了技術分析的基礎後，還必須靠紀律操作，**使每一筆交易進出有據，避免被情緒主導**，如此一來才能逐漸累積出穩定獲利的交易系統。

當然擁有行雲流水的盤感，需要時間累積，也需要容許自己犯錯，畢竟在成功的路上，誰能不犯錯？控制部位和停損機制，也是進場操作前的必修課。

當你有自己的交易系統後，將發現**停損不再可怕，而是變成一種反射動作，藉以保護資產，隨時認錯再反向追回**。敢當機立斷停損是因為你對自己的操作有充分信心，確信自己可以賺回來，而海期交易上，停損更為重要，以保留下次再戰的子彈。

進場後務必照著規劃走，該預掛停損在哪就要掛好，該移動停利就移動停利，長久下來即使是初學者也能逐漸練成一套自己的標準SOP，這就是交易！

3-2

實行刀神「藍綠戰法」，觀察線型交叉開口便能判斷多空！

　　刀神的交易系統核心基礎是「藍綠戰法」，其中藍綠是指技術線型中，60分K的20MA（小藍〔20T〕）和60MA（小綠〔60T〕），這兩條均線在看盤系統的顏色就是藍色和綠色。**當60分小藍（20T）穿越小綠（60T），達到黃金交叉時，搭配KD形態轉強，是判斷進場做多的第一步，而藍綠死亡交叉，則是往下走的徵兆。**

　　我通常做的是波段交易，因此以小時線60分K用來判斷波段最為穩定，若使用1或5分K判斷容易被主力洗出場，當然透過60分K判斷走勢後，再切換到短分線去找進出場點更好，但主趨勢仍應由小時線判斷，日K為輔，再觀察週K和月K。

　　在繼續往下讀以前，請先了解刀派專有名詞。首先刀神平常的交易風格以波段單進出為主，最常使用的是日線及60分K，又以60分K最為常用，以下是常用的幾條60

分K線：

小藍（20T）＝60分K的20MA（20T）

小綠（60T）＝綠巨人＝60分K的60MA（60T）

小橘（240T）＝60分K的240MA（240T）

日線的名詞則使用一般通俗的用法：

5MA＝5日線

10MA＝10日線

20MA＝月線

60MA＝季線

120MA＝半年線

240MA＝年線

　　為什麼我會以60分K作為判斷的基礎？這是因為每小時的斜率不容易馬上修正，不少技術線型派投資人以60分K做均線流，若藍綠出現黃金交叉後，會等到下次死亡交叉才出場，等於從正式轉多開始抱著波段，直到盤勢轉空才出場。

　　我的習慣是，只要價格先破了小藍（20T）或小綠（60T），就先出場一趟，再持續觀察，若是藍綠沒有走

到死亡交叉，就等價格站回小藍（20 T）、小綠（60 T）後，再撿回來做多，做空則是反向思考。

這麼做是為了避免承受上下沖洗的折磨，股市期貨裡的大戶，喜歡上下刷洗甩轎，把散戶甩下車以後才繼續。同時也能避免趨勢真的轉空，使原本的獲利變成虧損。

根據我的經驗，第一次 60 分 K 藍綠黃金交叉後，有可能在 4 至 5 個小時內，再出現一次回頭的機會，所以第一時間黃金交叉時若沒有進場，要有耐心等待，如果不顧一切追高，可能會被大戶大力刷洗，讓股價突然回測而造成虧損。

如果沒有出現機會就算了，可以等待下次進場。注意，**我絕不會在沒把握的點位進場，寧願等，出手過於頻繁，反而容易造成虧損機率變大。**

刀神教你看交叉開口，找出多空操作時機

藍綠戰法還可衍生出「鴨嘴」線型，也就是當藍綠黃金交叉或死亡交叉出現後，會出現開口，刀神暱稱它為「藍綠鴨嘴獸」。如果開口剛剛展開，可以順勢操作，但若開口已經趨大時，則要小心反轉。如何判斷鴨嘴獸的多方或是空方，是以均線概念來看，把鴨嘴看成正鴨嘴，或是均線向下的反鴨嘴來判斷走空。

依照形態操作，鴨嘴獸的操作重點，必須要開口夠大

（約**30度**），開口若不夠大，可能只是均線在糾結，不一定有方向，這時寧可放掉不做，因為開口要夠大才能預期漲幅較大。

如下圖所示，藍綠形成的鴨嘴獸，在開口最大處趨勢反轉，同時其他均線皆往下。像這種情況，做多者可在藍綠黃金交叉後進場，不宜在開口過大時追高。

圖表3-1 鴨嘴獸在開口最大處趨勢反轉向下

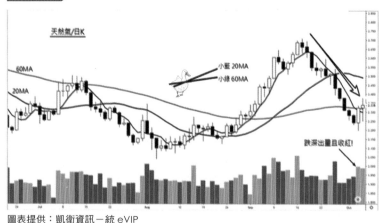

圖表提供：凱衛資訊－統 eVIP

再看下圖，若藍綠鴨嘴獸開口向上，表示趨勢屬於多方，但開口到最大時趨勢轉平，並接近年線（小橘〔240T〕）的壓力，這時如果跌破小藍（20T），做多者可先出場觀望。

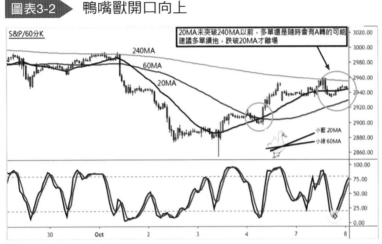

圖表3-2　鴨嘴獸開口向上

圖表提供：凱衛資訊－統eVIP

觀察「綠巨人」與K棒的相對位置，
找出支撐或壓力線

　　藍綠戰法不僅能用來判斷多空方的進場位置，還可以視為最後一道支撐。例如小綠（60T）在空方走勢時，可視為最後一道防線，因為走勢常會在碰到小綠（60T）時即反彈，因此做空時在這個位置特別需要留意。我稱小綠（60T）為「綠巨人」，常拿來作為空方回補，以及站穩後的多方撈底位置。

　　相反的，如果綠巨人在K棒的上方，也就成為超強壓力區，需要突破後不回測才有持續向上的動力。

圖表3-3　綠巨人有支撐

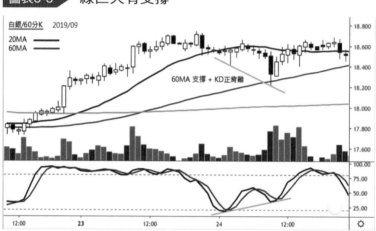

圖表提供：凱衛資訊－統 eVIP

圖表3-4　綠巨人成為壓力區

圖表提供：凱衛資訊－統 eVIP

　　對於60分K中的年線，我以系統上的顏色橘色為暱稱，稱為「小橘子（240T）」。與綠巨人相比，如果空方遇到綠巨人卻不反彈，而直接貫破，那麼下一道防線就是小橘子（240T）。**許多空方態勢的線型，遇到正斜率小橘子（240T）常是止跌訊號。**

3-3

利用乖離、正負背離等指標，瞬間看出盤勢

　　統計學上的乖離率運用在股價走勢上，可以作為乖離、背離的判斷，這種方式是技術分析的基本，應該是市場上最為人所熟知的解讀方式，通常運用在股價噴出或下跌的趨勢判斷上。

觀察KD指標與K棒走勢，看出正負背離現象

　　先以背離來看，當K棒走勢突破前波高點，但是KD指標並沒有突破前高時，就是「負背離」現象，在技術面上視為高點轉弱的徵兆。相反的，如果K棒走勢跌破前波低點，但是KD指標沒有跌破前低，這樣的背離稱為「正背離」，是技術面轉強的徵兆。

KD指標

　　KD指標又稱隨機指標，目的在反應出收盤價在近期價格區間的相對位置。這項數值使用RSV的加權移動平均來計算，RSV數據表達的是「與最近9天相比，今天的股價是強還是弱？」

　　KD數值高，代表個股的收盤價接近最近幾天的最高價，反之KD數值低，代表個股的收盤價接近最近幾天的最低價。

 RSV計算方式

　　（今日收盤價－最近九天的最低價）／（最近九天的最高價－最近九天最低價）

K值計算方式：RSV和前一日的K的加權平均
K＝2/3×（昨日K值）＋1/3×（今日RSV）

D值計算方式：K和前一日的D的加權平均
D＝2/3×（昨日D值）＋1/3×（今日K值）

KD值可以靈敏反映價格變化，一般來說：
KD值>80表示股價表現強勢，再上漲機率高
KD值<20則表示股價表現弱勢，下跌機率高

走勢背離或乖離，都可從MACD、KD、和RSI等數值來印證。

而乖離率（Bias rate）是許多投資人用來判斷漲多接近反轉的訊號，也可視為做多的賣出訊號之一。

 MACD

中文全名為指數平滑異同移動平均線，是股票交易中一種常見的技術分析工具，透過兩條不同期間的指數移動平均值（EMA）之間的差計算出來。MACD是長期與短期的移動平均線即將要收斂或發散的徵兆，可用來判斷買賣股票的時機與訊號。

 RSI

以某段時間內，運用股價的平均漲幅與平均跌幅所計算出來的數值，是可看出股價相對強弱的指標。

移動平均線與股價的乖離，代表……

在觀察賣出訊號時，如何運用乖離率這個數值？投資人可以把乖離率視為平均報酬率的表現，因為線圖上的5日線、10日線、月線和季線等移動平均線，如同是投資

人的平均投資成本價，**當股價持續上漲時，隨著股價高點距離月線或是季線愈遠，代表投資人的獲利持續提高，就會產生獲利出脫的賣壓。**

乖離率

　　代表當日股票收盤價和移動平均線的差距，以分析股價偏離的程度。當股價和移動平均線的差距愈遠時，乖離率愈大，代表股價即將有修正偏離的可能。當乖離率呈現過高或過低情況時，股價可能產生反轉的修正走勢。當收盤價大於移動平均線時，為正乖離，而小於移動平均線就是負乖離。

　　運用乖離率這項工具時，投資人可以配合自己的操作習慣，選擇適合的均線作為觀察標的，例如用收盤價與10日線或月線來比較。**觀察乖離率時，必須有紀律的觀察同一條均線**，這在個別股票上也適用，因為主力通常會有慣性的出貨紀律。

　　在期貨商品上也是一樣的概念，乖離率愈大，搭配 KD 值背離與 RSI 等轉弱訊號出現，可視為短線上的賣壓出籠。當負乖離出現時，不要急於賣出股票，因為可能低點已經到了。

　　因此，背離（指當股票或指數在下跌或上漲過程中，不斷創新低或高，而一些技術指標卻沒有跟隨這項趨勢）

是多空很好的參考指標，當線型創新高或是破新低時，投資人不要馬上追高或殺低，而是先觀察三個技術指標，也就是KD、MACD、RSI，有沒有出現背離，再來決定多空。

　　一旦背離出現，且是三個指標同向，要立刻勇敢進場操作，且愈早進場愈好，因為此時的防守點通常是比較好的點位，防守時可以讓個幾點，才不會輕易被洗出場。

　　以上說明的乖離、背離與藍綠線型等技術指標，投資人應該多加練習判讀並互相搭配，訓練自己一秒判斷多空。在波動快的期貨市場，這是必練的刀派技法。

圖表3-5 高檔背離

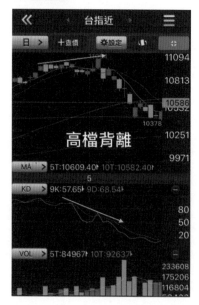

圖表3-6 低檔背離

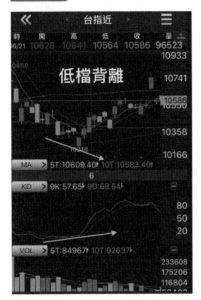

圖表3-7 KD負背離

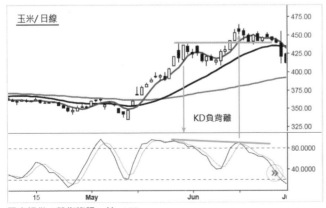

圖表提供：凱衛資訊－統 eVIP

圖表3-8 ▶ KD正背離

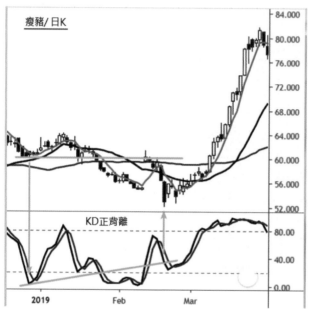

圖表提供：凱衛資訊－統 eVIP

圖表3-9 ▶ 小綠（60T）＋KD正背離

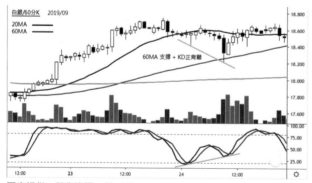

圖表提供：凱衛資訊－統 eVIP

圖表3-10　藍綠金叉＋KD正背離

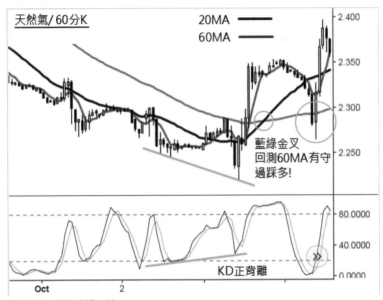

圖表提供：凱衛資訊－統 eVIP

3-4

是短多長空還是短空長多？看K棒屬於熊旗或牛旗就知道

　　投資人學會運用均線、背離與乖離等指標，來判斷強弱多空後，接著要了解K棒的形態，而且更應該熟記牛市、熊市的形態。

急漲急跌的熊市，容易出現的熊旗形態是……

　　市場有句玩笑話：「新手死在摸頭、老手死在反彈、高手死在摸底。」這在熊市特別容易出現，因為**熊市特徵就是急漲急跌**，遇到漲，新手會追高；反彈時則吸引想要搶短的另一批人進場；當以為市場已經跌很深，投資人開始進場時，又再一步下挫。

　　這種令投資人森七七的線型，在「熊旗」表現無遺。熊旗形態特徵是，底部墊高、高點墊高，但未過起跌高點時，會突然一次快速大量出貨崩盤。

圖表3-11　熊旗的示意走勢

起跌高點

　　我遇到熊旗時，操作方式就是下緣補、上緣空！ 中間的盤整大概抓 8 至 13 天，如果無法多空自如的人，可以只做空方就好，等反彈到高點放空，才不會因為搶反彈、短多長空（指短期來看是漲幅，而長期來看則是持續下跌）的線型而被雙巴。

　　旗型時，上下畫切線，跌破或突破的波長以等長計算，與原趨勢為相等幅度，所以當突破或跌破旗型整理時，不可以逆勢而為。

低破低、高不過高的牛旗形態，要注意什麼？

　　牛旗則是相反，主力要透過下跌把投資人的多頭部位洗掉，這種洗刷刷的過程，投資人常在此投降，導致錯過後續的主升段。

　　牛旗的形態為低破低，但高不過高，這個階段沒有經過紀律訓練很難操作，重點判斷是當跌勢未跌破起漲的低點，是短空長多（指短期來看是跌幅，而長期來看則是持續上漲）。

圖表3-12 ▶ 牛旗的示意走勢

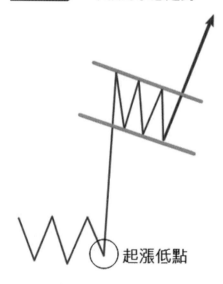

起漲低點

圖表3-13　熊旗範例 1

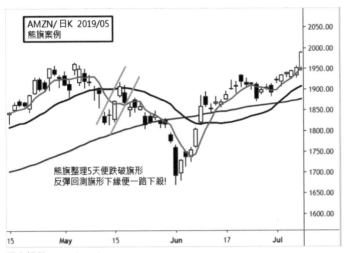

圖表提供：TradingView

圖表3-14　熊旗範例 2

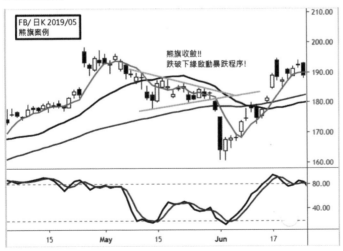

圖表提供：TradingView

圖表3-15 ▶ 牛旗範例

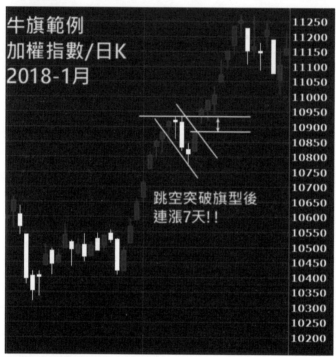

牛旗範例
加權指數/日K
2018-1月

跳空突破旗型後
連漲7天!!

圖表提供：凱衛資訊－統 eVIP

3-5

順勢交易有4個常見形態，幫你掌握絕佳買點

　　刀神常常運用的順勢交易，有四個常見形態，無論是**在投資股票、期貨都可以運用**，投資人稍作觀察就可以注意到，這四種形態每天不斷上演，因此要練成反射動作，看到好的進出場點就勇敢進場。

一、突破箱型買進

　　當K棒在一個箱型區間盤整時，初階投資人不易找到進場點，即使進入也容易被主力洗刷刷，這時候要保護自己的資產，等突破箱型區間再進場，但是現在主力也會在突破箱型後，再度拉回箱內，讓投資人以為突破失敗而離場，這時就需要靠盤感來判斷。投資人在進場後，也可將突破點設為停損價位，進出有據。

圖表3-16 突破箱型示意圖

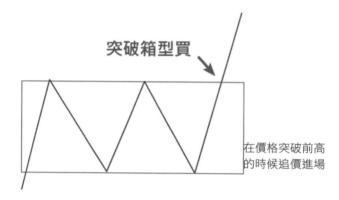

突破箱型買

在價格突破前高
的時候追價進場

二、開高回補缺口買進

當市場急跌，把前面高點的缺口（即兩條K線中間的間隔，代表此價位沒有人成交）都回補完時，線型上看表示利空消化完畢，在缺口底部可以試單操作。

由於通常回測底部時，不會只有一根腳，會有2至3個腳，如果只有一個腳就向上，就是V型反轉，線型強勢。由於在交易的當下無法獲知接下來會有幾支腳，因此小量試單為必要，不要下重注以免摸底失敗。

 開高回補缺口示意圖

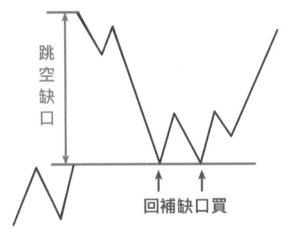

三、過前高買進

　　當線型突破前高時，表示主力的決心，當然過高後還是有可能回測來嚇退散戶，但是**過前高後，有很高的機率未來會持續走強**，畢竟要過前高，主力需要用錢才能打造出來這樣的強勢線型，不會輕易放棄，除非遇到大盤整體景氣出現轉折意外。

　　而不少線型在過了前高後，就是海闊天空線型，上面沒有壓力，要達到多高點，就看主力創造的氣勢和散戶追高的意願。

圖表3-18 ▶ 過前高買進示意圖

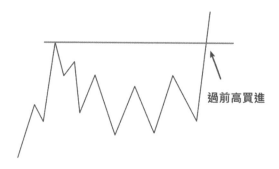

過前高買進

四、上漲一段路後拉回5日線買進

此為強勢形態線型的拉回休息，**強勢股出現正乖離後，當拉回均線成本時，可以試單買進，待順勢線型確認後，再加碼增加獲利。**

圖表3-19 ▶ 拉回5日線示意圖

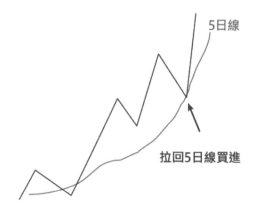

5日線

拉回5日線買進

以下幾張圖表為順勢操作的變化形態。

圖表3-20　牛旗＋過前高買進

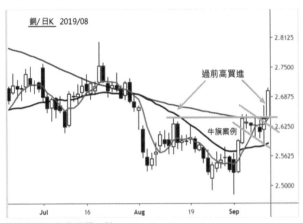

圖表提供：凱衛資訊－統 eVIP

圖表3-21　過前高買進

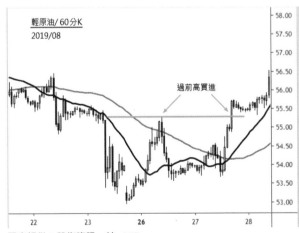

圖表提供：凱衛資訊－統 eVIP

圖表3-22 ▶ 突破箱型買進

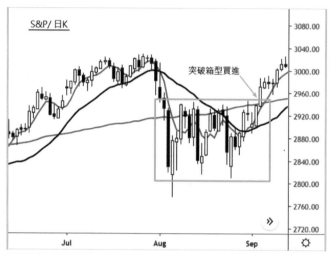

圖表提供：凱衛資訊－統 eVIP

進階的杯柄形態，要關注這三點！

刀派心法重視形態，上述四個基本形態熟悉以後，在1988年由威廉‧歐尼爾（William O'Neil）發現的杯柄形態（Cup and Handle）也是重要的變形版本，我常以此作為買進訊號。

杯柄意味著要有一個咖啡杯再加一個手柄，在牛市中常常出現拉回訊號，這時若是不了解的投資人，一定會被上下沖洗的洗盤給洗出場，了解這個股市自然定律，就不難理解在杯子下緣的打底過程。

因此，這時最好場外觀戲，靜待即將突破的樞紐點，再進場佈局，就能減少情緒波動，在好的進場點卡位。**成本價對了，有助於抱得住單，獲利才能拉開。**

杯柄形態可以從日線、週線來觀察，我通常以日線為主，並特別關注杯柄形態的 3 個地方。

1. 杯子底部要呈現柔軟 U 形，看上去像一個碗。

杯子的深度應小於前期漲幅的 1/3，如果是一個活潑的市場，可能深達 1/2，很少數會到 2/3。請注意杯底不能是 V 型，因為圓形代表打底過程紮實，有實際的支撐力道，V 型則是另一個形態 V 轉，手腳要特別快，適合進階投資人。

2. 杯柄是在形態上杯子成型後，價格再拉回約 30% 至 50% 的杯子處，形成手柄。

杯柄形態在股票市場短則數週，長則數月，在海期因跳動速度快，形成時間相對較短。

3. 杯柄必須位在 200 天移動平均之上。

如果杯柄位在杯狀的下半部，或位在 200 天均線之下，失敗率較高。因為 200 天是長線觀察最主要的支撐點，一旦 200 天都守不住，就可能繼續下探。資金不宜在此時貿然接刀，需要靜待線型走穩再進場，觀察到主力決

心後，再一起上轎。

在杯柄形態中，我的進場點會是在杯柄形態出現後，突破上方趨勢線時進場試單，確認走勢無誤後再加碼。

同時，在杯柄的下跌過程中，需特別觀察是否價跌量縮，而杯柄突破上緣時，成交量最好較下跌時成長50％左右，如果成交量是數倍之多，呈現爆量，則不利於持續漲幅力道，因為可能是出貨現象。

杯柄形態也不一定每次都能成功，有時杯柄持續下跌，跌破下緣以及長期的頸線，則可能出現短線反彈，長線走空。

按**圖表3-23**來計算，小道瓊目標約為29200。

27200－25200＝2000

27200＋2000＝29200

圖表3-23　杯柄形態範例

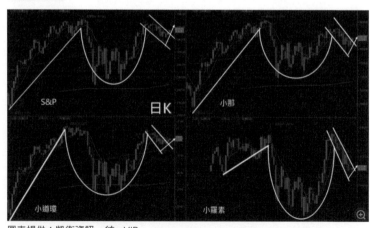

圖表提供：凱衛資訊－統 eVIP

NOTE

LESSON 4

搭配雙斜率操盤術，
更能精準鎖定買賣點

4-1

懂得斜率操盤3大原則，讓你功力更上一層樓

　　透過均線斜率操盤，可輕鬆幫自己入帳！市場上有一派的技術分析論者，是以均線斜率為參考指標，因為比判斷K線容易，也比較不受三大法人進出的資訊干擾。

　　我的操作指標以小藍（20T）、小綠（60T）均線為核心操作法，搭配斜率後，功力可再上一階，稱為雙刀流，就像是手握兩把刀，有攻有守，以藍綠搭配斜率，在判斷進出點時可更精準獲利。

看均線斜率，要選對標的均線！

　　想透過均線斜率判斷進出場點，要先了解何謂均線？技術線圖上，會用不同顏色來代表不同天期的均線。用淺顯易懂的方式解釋，**均線就是特定周期內的「平均成本」**，例如5日均線代表的即為這5個交易日內的平均成本線。

靠短波段進出的人，5日均線和10日均線就特別重要，天數愈短，對短期股價的敏感度愈高，所以5日會是最敏感的均線。

我操作時，是以20日與60日均線的黃金交叉、死亡交叉為主要操作，20日均線足夠應付我波段操作的敏銳度，而60日均線的天數夠長，支撐力道夠強，不易被短沖客影響，有助於我對短中長波段的持倉判斷。

均線還有更一深層的意義，許多人會透過均線來判斷壓力或支撐，因為均線有助漲助跌的效果，**當股價在均線之上，此時若均線呈現上揚，等於提供股價支撐的力道；相反的，當股價在均線之下，下彎的均線會給股價壓力。**這就是支撐與壓力的判斷。

均線的斜率，代表價格成本的高低

為何均線的斜率特別重要？**斜率是用來測量斜坡的斜度，而均線是總計散戶、法人所有投入這檔股票的成本價格。**如果成本價格不斷往上，斜率的坡度愈陡，就表示大家願意投入的價格成本逐漸增高，那麼後勢就是看漲。相反的，斜率上下移動沒有明顯趨勢，表示投資人投入的成本還沒有擴大，便是後勢不明。

或者，斜率明顯往下，代表投資人心態保守，投入成本逐漸壓低，使股價要往上彈的壓力更大，壓抑多方力

道，呈空方主導態勢。

並且，斜率要大於**30度**才表示有力量，若是平緩的均線、小於30度的斜率，表示趨勢還未明朗，仍在混沌盤整狀態。所以有斜率有行情，無斜率表示行情不明。

刀神斜率操盤術的核心有幾項原則：

一、斜率愈大，支撐壓力愈強。

二、週期愈大，斜率的參考價值愈高。

三、雙斜率制勝率更高。

一、斜率愈大，支撐壓力愈強

每條均線都有斜率，可先從短天期再往長天期觀察斜率的強度。斜率愈大，支撐壓力愈強！

看日K圖時，一般投資人最常關注5日、10日、20日、60日、120日、240日的均線，這幾條均線糾結時，代表行情呈現盤整；均線呈放射狀往上散開，則表示行情很強，呈現飆漲形態。飆股的均線常常是呈現誇張的、大於60度的上揚，但是當飆股往下飆時，均線向下的斜率也是非常驚悚。

相反來看，如果均線是走平的狀態，那就無法找到支撐或是壓力，我的做法是會先看月線（20MA）均線是否有支撐或壓力，如果沒有就朝季線（60MA）觀察，逐漸往週期大的均線找支撐或是壓力。

　　找出均線的支撐壓力，是斜率操盤的第一步，特別適合操作波段的投資人，當一條均線由正值轉負值，或由負值轉正值的那個時間點，往往也是波段起點或者轉折向下的點，譬如當月線斜率由負值轉正值時，往往就是波段起漲點。

圖表4-1 　原本5日均線為壓力，站上後變成支撐，有利於短天期股價向上。

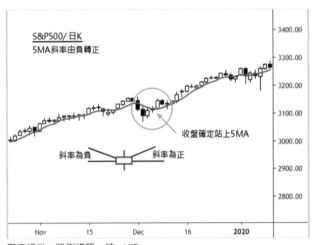

圖表提供：凱衛資訊－統 eVIP

二、週期率愈大，斜率參考價值愈高

　　第二個原則，週期代表時間價值。我常用的週期是60分K（小時線），因為在60分K以下的週期斜率，並不

具有參考性，它僅僅代表幾分鐘內的交易成本，無法代表法人成本，若用來當支撐或壓力，往往會被套牢，而週期越大，譬如看日線與週線，才具有長時間下來的交易成本參考價值。

例如日K線圖的20MA（月線），我常說**在斜率大的月線上，突然跌破上升的月線，往往是買點，而週K線圖的5MA（5日線）更是波段操作者最佳買賣點**。當價格回測到上升的週K線圖5MA，就是波段操作者最好的加碼或者建倉位的機會。

圖表4-2▶ 箭頭處5日均線由壓力變成支撐，斜率由負值轉為正值。

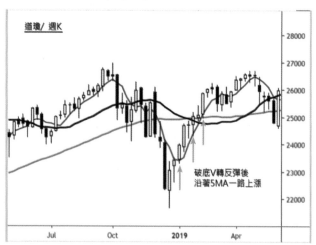

圖表提供：凱衛資訊－統 eVIP

圖表4-3 均線由負值轉為正值後，斜率擴大，上漲力
道增強。

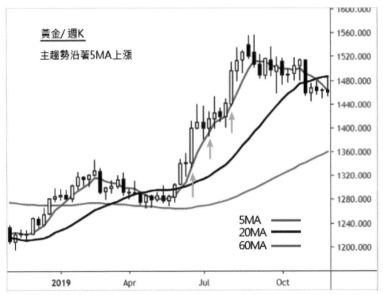

圖表提供：凱衛資訊－統 eVIP

因此，**當價格在回測均線時，例如回測5日線，我會
將均線斜率視為一個重要的參考點**，譬如K棒回測上升的
小綠（60T）均線，一個上升的小綠（60T），往往是最
佳買點，價格回測到上升的小橘（240T），也是絕佳的止
跌買點（下圖解釋）。

圖表4-4 藍綠轉金叉後，價格回測到上升的小橘，是絕佳買點。

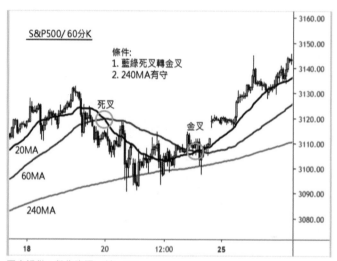

S&P500/ 60分K

條件:
1. 藍綠死叉轉金叉
2. 240MA有守

死叉

金叉

20MA

60MA

240MA

圖表提供：凱衛資訊－統 eVIP

　　刀神的藍綠戰法上，小藍（20T）和小綠（60T）均線由死亡交叉轉為黃金交叉，表示多方力道回頭，此時若小橘（240T）一直有守，跌破都會拉回，當價格線回頭測試上升中的小橘（240T），就是絕佳買點。同時，**藍綠斜率擴大，表示多方加持，投入成本墊高，支撐力道持續加強，此時就能安穩等趨勢反轉時再下車。**

三、雙斜率制勝率更高

　　接下來，解說第三個原則。

　　我的核心操作是 60 分 K（小時線）的小藍（20 T、20 MA）和小綠（60 T、60 MA），有兩條均線就等於會有兩條斜率的變化，**藉由判斷藍綠斜率變化，便能衍生出一套雙斜率控盤法。**以下為高勝率公式，投資人可以熟悉後加以靈活應用。

　　雙斜率控盤的核心是兩條均線都要「翻正」，因為同時翻正代表是趨勢，投資人就能「順勢」，而非只是搶短暫反彈，弄得自己一身傷。

　　雙斜率是呈現一股「勢」，當兩條都是負值，線型向下就是逆勢，而兩條同時上揚則代表順勢，如果投資人做的方向錯誤，肯定只能停損收場。這裡也必須提醒一下手癢的投資人，**千萬別看到上漲就想空，此時如果雙斜率還是正值，要空恐怕被咬一屁股。**

　　以下為刀神的雙斜率不藏私高勝率戰法：

　　一、藍綠噴火龍：**當小藍（20 T）穿越小綠（60 T）時，往往小綠（60 T）的斜率仍為負值，此時價格還不會直接上攻，反而會再回測小綠（60 T），吊投資人胃口，主力也能趁勢把散戶洗掉。**

　　所以當回測時，K 棒碰到小綠（60 T），若沒有破小綠（60 T），回測小綠（60 T）的斜率會由負值轉為正值，就是很好的進場點。價格往往會在雙斜率翻正的時候噴

出，我把此一形態稱作藍綠噴火龍，因為此時的樣貌就像一隻準備吐火的火龍。

圖表4-5 藍綠噴火龍示意圖

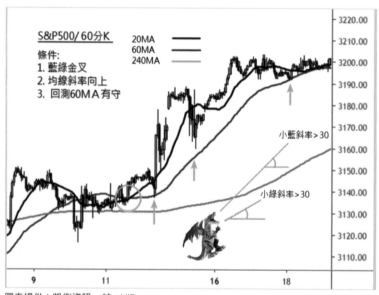

圖表提供：凱衛資訊－統 eVIP

　　二、見**圖表4-5**，此圖圓圈處可以看到小藍（20T）和小綠（60T）出現金叉，**此時價格站上均線後，斜率轉正值，在第一個箭頭處，價格回測小綠（60T）但不跌破，是絕佳進場點**，後續就有一波行情。這個波段中有數次回測小綠（60T）的買點，但要在股價處於低檔時，報酬率才能拉開。要買在行情噴出前，獲利就是輕輕鬆鬆。

圖表4-6　頭肩底線圖範例（1）

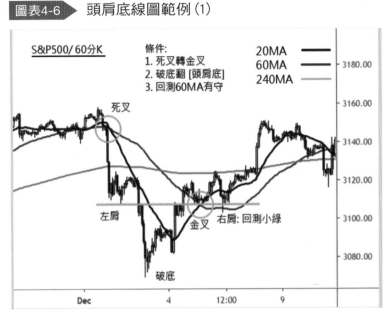

圖表提供：凱衛資訊－統 eVIP

　　三、見**圖表4-6**，進階版形態教學。當形態走「頭肩底」時，到達右肩時再觀察進場，此時小藍（20T）小綠（60T）金叉，熟悉形態的投資人此時可以進場賺一波，但預料通常會有一波回測。回測小綠（60T）不破時，可以再進場，等候噴火龍噴出。

圖表4-7 ▶ 頭肩底線圖範例 (2)

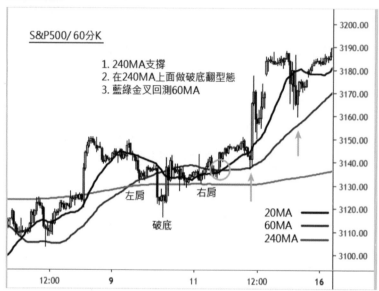

S&P500／60分K

1. 240MA支撐
2. 在240MA上面做破底翻型態
3. 藍綠金叉回測60MA

左肩　右肩

破底

20MA ▬▬
60MA ▬▬
240MA ▬▬

圖表提供：凱衛資訊－統 eVIP

　　四、見**圖表4-7**，長天期240ma（小橘〔240Ｔ〕）可作為最強支撐，觀察線型都在小橘（240Ｔ）之上，之後就可以尋找回測小綠（60Ｔ）的點來進場。

圖表4-8 頭肩底線圖範例（3）

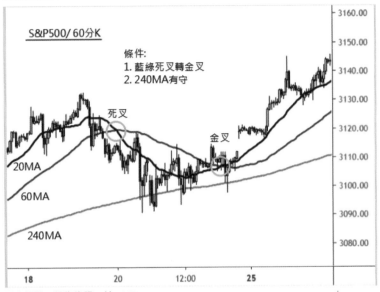

S&P500/ 60分K

條件:
1. 藍綠死叉轉金叉
2. 240MA有守

死叉

金叉

20MA

60MA

240MA

圖表提供：凱衛資訊－統 eVIP

　　五、見**圖表4-8**，藍綠均線由負值轉為正值，藍綠金叉後，回測小橘（240Ｔ）有守，小橘（240Ｔ）強度會比小綠（60Ｔ）更強，因為天期更長，通常支撐力道會更強。藍綠金叉後斜率極速往上，回測時找買點。

4-2

如何檢視「鳥嘴形態」，找出最佳買入時機？

　　當短期均線穿越長期均線，呈現一個三角角度，我們稱之為「鳥嘴形態」。但不是每個鳥嘴都有意義。以日線圖觀察，我主要觀察日線的5日均（5MA）向上穿越20日均（20MA）時，搭配20MA斜率翻正，就是準備出擊，趨勢確定反轉的時刻，通常也會是最佳買點！

　　相反的，當日線的5日均（5MA）向下穿越20日均（20MA）時，並搭配20MA斜率轉負，就是反鳥嘴出現，會有一波下跌行情。

圖表4-9 鳥嘴形態示意圖 (1)

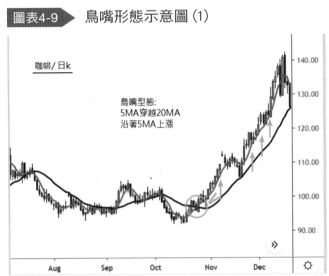

咖啡/日k

鳥嘴型態:
5MA穿越20MA
沿著5MA上漲

圖表提供：凱衛資訊－統 eVIP

圖表4-10 鳥嘴形態示意圖 (2)

羅素2000/ 日K

鳥嘴型態: 5MA穿越20MA
沿5MA上漲

圖表提供：凱衛資訊－統 eVIP

圖表4-11 鳥嘴形態示意圖 (3)

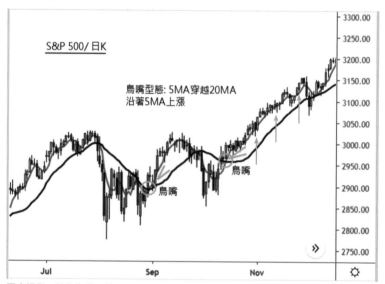

圖表提供：凱衛資訊－統 eVIP

　　上面的日線圖可以看出，當珍貴的鳥嘴出現，搭配斜率翻正，進場就是等著升升不息。掌握鳥嘴，價格展翅高飛。投資人還可以搭配KD是否高檔向下，以及高檔鈍化等指標來決定出場點。

　　另外需注意，鳥嘴出現後，上漲一段時間，也常出現假跌破讓散戶出場。

圖表4-12　留意假跌破

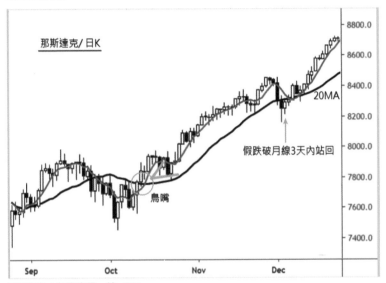

那斯達克/日K

20MA

假跌破月線3天內站回

鳥嘴

8800.0
8600.0
8400.0
8200.0
8000.0
7800.0
7600.0
7400.0

Sep　Oct　Nov　Dec

圖表提供：凱衛資訊－統 eVIP

4-3

用均線斜率判斷趨勢，不落入「假突破和假跌破」的陷阱

綜合上述可知，**我們不能以價格跌破某條均線來判斷趨勢的改變**，而是要以均線的「**斜率改變**」來判斷趨勢，所以往往可以藉此判斷假突破或者假跌破。

舉例來說，當價格跌破上升的月線，有可能只是假跌破，其實是真買點，或者價格反彈穿越下壓的月線時，也可能是假突破，此時可能正是絕佳的空點。無論運用在日線或者60分K的操作上，這都是很重要的控盤原則。

盤勢通常交叉出現複雜的形態，由鳥嘴出現到反鳥嘴要出場，搭配頭肩底形態後，再找鳥嘴進場。之後，當高點出現時，斜率已經由正轉負，假突破無所遁形。這樣來回多空操作，等到熟悉後，獲利就是自然而然的事。

圖表4-13　均線斜率沒有改變，趨勢並未改變，由此判斷為假跌破。

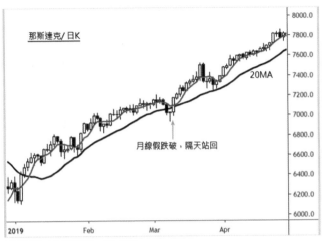

圖表提供：凱衛資訊－統 eVIP

圖表4-14　假跌破示意圖2

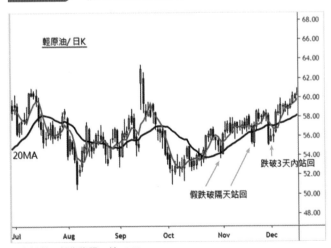

圖表提供：凱衛資訊－統 eVIP

圖表4-15　假跌破示意圖 3

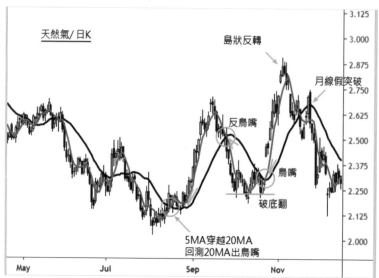

圖表提供：凱衛資訊－統 eVIP

NOTE

LESSON 5

20 年的刀派心法，傳授你 4 招順勢的藝術

5-1

刀派心法1：把市場當老大，順勢交易才能賺得長久

　　把市場當老大，自己當老二，自然就會心甘情願的做順勢交易。很多人喜歡抓多空轉折點，覺得能做到抄底或者高點放空，才是神，只要網路社團裡貼出對帳單，秀出自己抓到一次轉折，就可以開始當大師。

　　有些「股市大師」們喜歡在股市反轉的時候，悠哉的說「老師早就說過，你有沒有聽？！」，這種股市神仙大家都很熟悉。

　　但我認為，一個月裡轉折點可能就那1、2天，順勢交易可以讓你賺另外的28天，幹嘛跟錢過不去。尤其期貨交易更應該把自己當老二，尊重市場永遠是老大，只要看著老大怎麼走，不要有多空的定見，隨時以技術線型判斷，見到趨勢不對就轉向，才能保有最大勝算。

別妄圖揣測股價，線型會告訴你一切

刀神想說的是，**很多人的盲點是，認為預測才能賺到錢，也就是預測股價何時反轉或是預測能漲到多少錢**，這些都是散戶天天在想的。

但是運用技術線型，可以預測均線斜率，只要培養交易的紀律，學會看技術線型，在適當進場點佈局，其後只要線型沒有反轉的跡象就繼續放，這種「讓子彈飛」的心境，才能賺到波段財。

期貨交易與股票一樣，都是順勢交易。要順勢的心態是，做多做到虧錢那一刻，等多方做到虧的時候，就加入空方；再來，當股價一直跌，愈踩愈硬，跌到最深時，地板價就出現了，此時開始反向追多。

這就是順勢的藝術，順著指標告訴你的訊息，抱好多單就放輕鬆，直到指標出現走弱，例如高檔背離，或是線型跌破 5 或 10 日線再來觀察。

想像自己是大咖，才不會做錯決定！

相較之下，散戶最難做到的就是順勢交易，有個證據，看看你庫存股票，是否留著虧錢的比賺錢的多，綠綠的股不肯賣，癡癡抱著想等解套，但紅色賺錢的股票，一旦獲利卻馬上想下車。散戶都是擔心煮熟的鴨子飛了，覺

得有賺趕快跑，趕緊入袋為安。

咦，怎麼會有人嫌錢賺太多。**當你買到一檔上漲的股票，一定要抱緊處理，等到轉弱訊號出現為止；相反地，買到跌的股票，則要設停損點，以免愈套愈深。**這是散戶不容易做到的。

外資其實是最會順勢交易的大咖，他們也很常認錯轉向。因此，我們應該要想像自己是大咖、主力、外資，有他們的思維，才能賺到錢。例如2018年12月，外資原本在放空台股，但當台股漲了500點以後，外資就反向追多。外資都能做到立即轉向，何況是散戶，更應該保持靈活性。

如果每天都在苦思抓轉折點，可能就只能贏那一次；放鬆心情跟著趨勢走，順勢交易可以抱一檔股票從40元到150元，或是從150元放空到50元。所以投資不必執著抓到轉折點，順勢交易才能真的賺到可觀的財富。

放棄最高點，才能避免被主力吃豆腐

不過順勢也要有意志力，在操作SOP上，入場前應該預先設停損點，沒跌到停損點，不要自己嚇自己，價格沒到預設的停損或停利點，不要亂動；到了預先設定的保利點，觀察情勢後再安穩下車。

散戶很常要求自己的投資要在最高點下車，**不過事實**

上，所謂的最高點往往不是你能擁有的。放棄在最高點下車的念頭，在相對高點出場，不追高，這是避免被主力吃豆腐的操作法則。

5-2

刀派心法2：先派哨兵測風向，分批靈活投入資金

投資一定有風險，你需要哨兵戰法

你有看過電影《搶救雷恩大兵》或是其他戰爭片嗎？如果你是老大，你會派整個軍隊去救一個大兵雷恩嗎？肯定不會。

很多散戶只用一筆資金去下單，或是喜歡梭哈釘孤枝（台語）。這種投資方式，你會變得緊張兮兮，買個三天就覺得股價隨時要跌了。結果就是漲的股票抱不住，虧的股票緊抱著等解套。

刀神的哨兵理論是一種心理戰術和策略，讓你安穩做決定。**首先就是把資金分成三等份，最先出發的是哨兵，也就是炮灰，先取三分之一的資金下單；如果投入的第一筆資金做對了，才派出步兵和騎兵，各為三分之一的加碼部位。**

並且**務必等哨兵的佈局對了，再去加碼，而不是為了彌補虧損便加碼攤平。**

當第一口哨兵出擊時，隨時檢討對錯，例如多頭的股票是連季線（60 MA）都不會去碰，若錯了，**要觀察局勢來應變，確定下對再加碼另外三分之二的資金。**就像在打仗一樣，戰況不利時是不會有人去救炮灰的。

遵守這種策略，當局勢看錯虧損時，可能虧損額度僅 1、2 萬元，但賺的時候是 10、20 萬元。沒有這個心法，投資人可能本來虧 5 千元，卻因為要攤平成本，結果變成虧 10 萬。

以策略而言，**哨兵最好是買黑不買紅，買在股票發動以前，沿著 10 日線操作，不追高股價。**

而且，**第一筆單可以容許較大的損失範圍，**因為你不確定主力是要回測月線還是 10 日線來洗散戶。**只要不破線，不要輕易放棄，永遠要有多看一根 K 棒的本事，不要看到帳面是綠的，就急著想賣掉。**

哨兵戰法，何時可以進一步加碼？

哨兵理論在期貨或是股票投資上，適合有資金可以下三～五口，或三張以上股票的人。這種策略是資金控管的做法，只有兩種狀況可以加碼，一個是獲利，一個是出現正背離。

後者常常出現一種狀況是，價位打到防守點時，指標出現更好的背離點提供加碼，是比第一個下單點位更好，此時可以大膽加碼一個單位，待趨勢往正確的方向走，再派出第三個部隊。

此外，買點大致上有回補缺口、均線趨勢和支撐區，當股價回補缺口時，步兵騎兵可以出發，就是加碼時機。

而**獲利時，也可以採取分批出場**，當年線乖離率超過20％，就可以分批獲利下車，因為你不是主力，你不確定股價的頂點會在哪，分批獲利了結，增加獲利率。

建立點線面的整體戰略，才能賺好賺滿

一旦你把資金分成三等份進攻，你的投資會變成點、線、面，成為整體的思維跟策略。點的意思是，進場點不要馬上改變方向，你是在分析進場點後，才切入，然後看線，也就是均線的趨勢，只要上升趨勢線沒有改變，就抱著。

很多股票一時下跌只是漲多拉回，後面還有一個波段，只要你進場點位好，冒著少賺5％的風險又何妨，成功抱住，或許後面可以多賺10％。投資要有整體的面向，當基礎打好了，面向就會逐步完整。

然而，靠一張／一口股票／期貨定生死的人，就無法採用這種策略。不過資金部位比較薄弱的初學者，還是有

其他商品可以選擇，例如選擇台灣道瓊，或是台那來練習。這些都是屬於保證金低的期貨商品，適合剛踏入期貨市場的新手用來小試牛刀。

5-3

刀派心法3：學會停損是成為贏家的第一步

三項必備保護措施，下單前你準備了嗎？

下單前的必要三要素：

1. 停損單

2. 合理的賺賠比目標

3. 移動停利單

學會停損是成為贏家的第一步。

交易要有一個重要概念：沒有任何一種交易可以不忍受未實現損益。投資人最重要是做好資金控管和進出的依據，才能設出自己可以忍受的防守點。

投資人要提醒自己，只要是投資，一定有可能蒙受虧損，要訓練自己把砍單認錯當成日常。即使是股神巴菲特，也不是從來都不賠錢，停損不是丟臉的事。例如

2018年蘋果股價重挫，就讓巴菲特掌管的波克夏基金慘賠150億美元。

股神不是從來都不輸，而是贏在怎麼面對虧損。當然停損點不能設得太遠，使自己受重傷才離場。寧願停損後，看對趨勢再追回來。

我平均來說，投資勝率是60％，代表有40％的機率需要停損。但是平均下來，每個月都是正報酬。

認賠不可怕，可怕的是賠到畢業

我遇過不少學生，可以忍受期貨300點的損失，抱著不賣，但是當獲利時，卻只賺了10點就跑。大家都對虧損有極大的執著，寧願忍著虧損不賣堅持不出場。

如果用簡單的數學計算來看，你就知道虧損的威力。假設你虧損10％，要用多少報酬率才能賺回本金？答案是12％，如果你虧損50％，後續必須要有100％的漲幅才能回得來，然而大家都知道，在跌勢中的股票要來10根漲停板把虧損賺回來，是多麼困難的一件事。

因此，海龜交易系統創始人理查德‧丹尼斯（Richard Dennis）的停損方式相對適合散戶。**他提出，總虧損不能超過總資產的2％，意思就是假設總資產（非投入股市的錢）有一千萬元，那麼只能接受最多20萬元的虧損，超過這個金額就認虧出場，對自己的部位方向認錯。**

　　停損還有一個機會成本的概念：如果你設定一筆資金做投資，卻遲遲沒有從虧損的A股票把資金抽出，要怎麼做B股票呢？大部分的散戶都是ALL IN某兩三檔股票，做錯方向又不停損，都希望等解套，再把資金拿去投資其它的股票，結果你沒追的股票就是一直漲，這便是散戶的宿命。

　　再舉個例子，宏達電曾經是股王，股價曾高達一千多元，如果你在最高價時買下，並抱到現在（2020年2月），只剩下40元左右。如果你在700多元時停損，輸掉100多萬還可以東山再起，但是一路抱到現在，就是輸760萬以上，平白損失許多投資其他標的的機會。

　　我建議，**設定停損線時，單次虧損上限不能超過總資產的2%**。總資產不見得是你的全部投資部位，但以總資產來衡量，會更果斷清楚，不要讓虧損的股票，陪你一生一世。

　　在技術線型上，停損也有其技巧，例如設定跌破5日線、10日線後才出場，如果你購買的成本在所有均線以下，還沒有起漲就購入，那是最好的狀況，成本低就能承擔更多風險。

5-4

刀派心法 4：鍛鍊停損速度，才能打造 1：6 賺賠比

刀神建議你，剛開始先練「賺賠比」！

投資人必須常常檢視自己的對帳單，計算出賺賠比。
投資股票較少人討論賺賠比，但海期是波動大的市場，停
損速度要快才不會傷到筋骨，停損的機會也更多。相反
的，賺錢速度也是雲霄飛車等級。投資海期上手的人，反
而會認為台股賺的太慢，還有開盤時間太短。

賺賠比的基本功是練到1：3，也就是賺一筆要能夠讓
你停損3次，這樣的獲利能力才能持續賺錢。刀神賺賠比
則是1：6，賺1次可以足夠6 次的停損。

建議投資人要建立正確心態，**不要把停損認為是輸
錢，而要想像是把錢抽回，放在對的標的上。在還沒有練
好賺賠比以前，不放大筆資金投資，等到能維持穩定的賺
賠比，再把資金部位擴大**，也就是先站穩腳步，而非把賭

博情緒帶入投資。

你是天天釣小魚，還是等待機會釣大魚？

刀神在操作上是賺波段財，而非當沖，這就如同釣魚競賽，一旦抱得住波段單，就像是釣到龍膽石斑魚一樣，如果只做短沖，則只會釣到吳郭魚。

波段單能夠一口單賺1600美金、甚至是5000美金以上。相形之下，專心抓轉折點而抱短單的人，常常與大行情無緣，一個禮拜就算抓到4天的轉折，也沒有人家抱一天的單賺的多。

我常跟學員說，做期貨就好像釣魚，你要釣吳郭魚，天天都有，隨便的餌料都能吃（1分K，5分K），但要釣龍膽石斑，餌料當然不一樣（60分K，日K），甚至有時候想釣大白鯊，就要用週K當餌，釣不同的魚承擔的週期當然也不一樣。

沒吃過龍膽的人不會聽懂我在說什麼，但哥的道理真的也不是一般人輕易就能懂的。刀神開個玩笑，你們都懂了，我還吃什麼啊？吳郭魚由你釣，龍膽和大白鯊留我釣就可以了！

波段的精髓就和釣魚一樣，一開始不要發力，先順著魚跑一段，不要打好打滿，漸漸地魚也累了，你再開始收線，這時候加碼的時間就到了，然而很多人卻是在此時就

平倉了。

魚正順著你的方向游，代表一件事情：它不掙扎了，順勢操作就是看到魚不再抵抗時加碼，當敵方氣勢減弱要趁勝追擊，這就是加碼的藝術。當均線一條一條被征服，均線斜率往上，勝算就會越來越大。

請記住，從來沒有不會抵抗的大魚，因為大戶主力可以用錢洗刷掉你的部位，此時心境的訓練在於如何去應付這些抵抗。抵抗與反轉是不同的，抵抗代表你知道眼前的波動是洗盤，反轉則是要換邊操作，做錯了邊會一失足成千古恨。

在釣大魚時該如何保護自己？就是在系統上設好停損與觸價保利，在學會釣大魚以前，一定會經過脫鉤過程，甚至被甩出場。但是「吃得苦中苦，方為人上人」，先學會保護自己，再求開始獲利，斷線了可以再補，但如果連釣竿都斷了，還釣什麼魚呢？

刀神在2019年8月第一週，平倉小道瓊後，平均單口獲利1740點（8700美元，近27萬台幣），這個點數要用幾條吳郭魚去換呢？

千萬別無止盡凹單，你要設好防守點！

在投資海期時，要養成習慣，下場前預設防守點，下單後立刻透過程式下好停損單，避免人性凹單造成慘賠。

同時在風險控管上，帳戶內的保證金最好要有三倍金額，例如若要投資輕原油，一口保證金若為3760美金，就至少要有11280美金在戶頭，因此初學者應儘量選擇單口保證金在1千美元以下的項目開始練習。

在前文所提到的釣龍膽石斑魚的經驗裡，大魚能夠將你釣魚放出的線，無限拉出去逼迫你停損，有時候你需要更好的捲線器，好的捲線器就好像你的保證金一樣，你能夠承擔多少取決於你的家私夠不夠用。以我為例，我可以準備20口單應付大魚的掙扎與搏鬥。小資族則用微型商品練功，賺賠比練起來以後，未來可以釣更大的魚。

投資是場釣大魚的過程，交易是與自己心境最大的競爭，建議投資人可以記錄下自己的交易日誌，一筆筆寫下犯錯的內容，定期回顧，直到有一天，你能做到贏過自己就可以了。

2019年8月第一週，我道瓊平倉單口賺1740點，這個份量是我的目標，2020年1月，我黃金波段突破10萬美金，單口突破1萬美金，這也是一個目標。對於操盤的獲利，你的目標設定在哪？刀神建議，至少先達到單口5000美金目標，你才能體會波段操作的精髓與奧義。

5-5

你有屬於自己的絕世武功嗎？

　　這個市場上有很多門派，許多人也喜歡找神級交易策略，到處拜師學藝。我從來沒有拜過哪個神，而是20年的投資經驗中逐漸優化自己的投資系統，我的心得是「當有紀律的完成每一件事情，獲利都是自然而然的。」

　　交易是場技術、心境和時間累積而成的長期競賽，想成為贏家，就要先養成投資紀律。

　　市場上的技術分析就是那些，你可以選擇一種鑽研學會後，有紀律的執行操作，或是你特別熟哪一種分析方式，那就鎖定好，並且不斷優化跟內化，可以先從三檔至五檔股票練習，當勝率提高了再真的拿錢投資。

　　建立自己的模式後，切記千萬不要輸給情緒化交易。本書就是我長期累積鑽研後，提煉出的「刀式操作法」，我毫不保留的全數分享，完全不怕別人學會，也不會自己偷留一手。

　　我敢說在交易界的老師當中，自己大概是市場上少數能讓學生在旁邊看我實際操盤的老師，遇到什麼狀況就做什麼反應。

　　我絕對不像部分老師一樣，只在網路上貼篩選過的交易單，呈現出的都是獲利的，並去除虧損的交易單。同時我的網路訂閱也是每週分享操作技術方法，並再三對學生說明：**對的事情重複做，就能天天從交易市場領錢出來。**

NOTE

LESSON 6

選擇權有高勝率公式，
運用價差交易穩定獲利

6-1

別苦吃歸零糕！除了裸買「買權與賣權」，你可以⋯⋯

選擇權是坊間名師最容易拿來招生的項目，例如一夜賺10倍，用5萬賺到50萬等，只要上網一搜就可以找到無數選擇權教學影片，尤其是選擇權買方的相關內容更是多如牛毛。許多專家創造出以小搏大的致富夢，對受薪族吸引力極大。

但實情是，**選擇權是莊家容易贏的零和遊戲**，散戶花小錢當買方想一夜致富，即使輸了也不至於影響生活，所以長期下來穩定地吃歸零糕，不知不覺累積起來也輸得很可觀。

一般散戶喜歡「裸買買權」與「裸買賣權」，來以小搏大，我建議應該衍生為「小漲、大漲、小跌」都能賺，或是「小跌、大跌、小漲」都能賺的組合單策略，看對方向，然後佈局成一個網，鎖住虧損，創造獲利，才能穩定地賺，而非穩定地賠。

　　也有部分資產比較多的投資人，喜好裸賣遠月的選擇權，這種投資方式雖然勝率高，但只要遇到一次黑天鵝事件（機率極低，但一發生便會產生重大影響的事件），就非常可怕。

　　舉例來說，台灣在2018年2月6日曾發生選擇權大屠殺，當天指數暴跌，選擇權做賣方的全部被回補在漲停板，很多人因此負債上千萬甚至上億。裸買容易輸，裸賣遇到突發事件，容易傾家蕩產。

　　所以我在這邊會循序漸進，從選擇權的基本教到組合單。切記，**一定要用價差組合單來操作，風險考量永遠要擺在第一。**

　　關於組合單，刀神教的方式已經都把各種狀況的最大虧損算在內，也就是損點都已經透過組合單自動對鎖，知道最大虧損在哪，做交易時才會心平氣和，不會心浮氣躁，也就可以安心吃便當。同時我在YouTube上，也錄製一部影片「刀神教你認識選擇權」，建議讀者可以搭配看，更易上手。

　　國際市場上，選擇權的使用相當多元，在美國的個股還提供選擇權交易，例如看漲蘋果股票，就做多頭價差的選擇權模式，台股也有台積電選擇權可以操作，但流通性不佳，一整天下來交易量不到百口，甚至個位數，相較之下，大盤指數選擇權流通性佳、交易量大，較適合操作。

選擇權的策略千變萬化，如果拆解選擇權教學，我會先從四個基礎教學說起，然後帶到變化形態「多頭價差」與「空頭價差」，最後還有最終極策略——當包租公的「鐵籠交易」。

6-2

選擇權有4種形態與計算方式，刀神徹底解析

　　選擇權就是選擇的權利，當買方時，是用權利金去買未來的多（或空）的權利，**屬於買權**。當買方的成本極低，1點等於50元台幣，如果你買的成交價是100，那一口的權利金就是5000元，一旦到結算日，指數沒有漲或跌到你預先設定的價位，那就是歸零，5000元一元不剩。

　　當賣方，如同是約定好一個價格，未來要賣給你，這就是賣權。而賣方要贏的，就是買方的權利金，所以這是一場零和遊戲。當賣方的保證金一口要價2萬元，相較買權高出許多。

　　因此多數散戶都是當買方，甚少當賣方，**賣方也就是俗稱的「莊家」，莊家要贏的機率比較高。**但風險在於，萬一看錯方向，輸可能會無上限的輸。

　　當買方如果輸，頂多吃歸零糕，但當賣家則不然。**結論是，當買方輸的機率較大，但風險有限；當賣方，贏的**

機率較大，但風險無限。

「可樂」、「葡萄」是什麼？如何買賣？

選擇權的買權稱為Call，俗稱為「可樂」，賣權為Put，俗稱「葡萄」，所以「你買可樂、買葡萄了沒？」，這是選擇權投資人常常在說的問候語。而選擇權可分為週選和月選，前者定每週三為結算日，後者則是每個月第三週的週三為結算日。

無論是可樂和葡萄，都可以買或賣，所以共有四個基本形態：BC（買可樂）、BP（買葡萄）、SC（賣可樂）、SP（賣葡萄）。

計算方式

BC：付出的權利金＋履約價＝成本（損益兩平點）

結算價－成本＝獲利

圖表6-1　選擇權的4種交易方式

CALL&PUT與買(buy)賣(sell)之間的關係

	＋ 買權 CALL 漲	－ 賣權 PUT 跌
＋ 買進 buy	＋＋＝＋ 看漲(多)	＋-＝- 看跌(空)
－ 賣出 sell	-＋＝- 看跌(空)	--＝＋ 看漲(多)

　　當買方的成本比較低，所以多數散戶都是買進買權（BC）「看多」，或是買進賣權（BP）「看空」；如果你的預算多一點，想當賣方，賣掉買權（SC）就是看不漲，屬於偏空操作，賣掉賣權（SP），等於看不跌，屬於偏多操作。

選擇權，為何買對方向不等於賺？

　　多數散戶當買方要獲利沒有那麼容易，因為就算你看對方向，是漲的，但是漲不夠，你還是虧錢，這就是關乎到成本的計算。一旦到結算日，指數沒有漲到你的成本價，就是歸零，系統上會顯示0.1。

打開選擇權的下單系統的Ｔ字報價，中間一欄顯示為履約價，不同時間點的履約價旁有買權跟賣權的成交價，而成本就是此時此刻買賣的價位來計算，以單位一口來舉例，1點是50元，如果你買的成交價目前是150點，150乘以50等於7500，你的權利金就是7500元。

買權舉例：

▶指數位置9888，交易人判斷行情不會過10000點，則賣出履約價10000點買權150點，若結算在10000點以下，可收取權利金每口150點×50元＝7500元。

▶**若指數大漲到10200呢？交易人判斷指數會大漲到10000以上，於是買入履約價10000點買權150點，若指數結算在10200，則交易人結算價10200減去成本（10000＋150），也就是10200－10150＝50**，交易人可獲得50點×50元＝2500元。

當你買的履約價是9900點，你看漲而買可樂，成本價怎麼計算？150點加上9900點，也就是大盤要漲到10050，才是你損益兩平的成本。

相反的，如果指數為9900點，你看跌而買葡萄，你看跌到9700點，9700履約價是102點，所以你買進葡萄後，大盤必須跌到9700－102＝9598點，你才會損益兩平，也就是說，你買葡萄是看跌，但要跌到這個成本以下

才是賺錢。

 計算方式

BP：履約價－付出的權利金＝成本（損益兩平點）

結算價－成本＝獲利

賣權舉例：

▶指數位置9888，交易人判斷指數不會跌破9700，則賣出9700賣權102點，若結算在9700以上，則交易人可獲得每口102點×50元＝5100元。

▶若指數跌到9500點呢？交易人判斷指數會大跌，買入履約價9700賣權102點，**則成本為9700－102＝9598，必須在此價位以下才能夠獲利，假設指數結算在9500點，則交易人可獲得9598-9500=98點，獲利98點×50元＝4900元。**

如果以同樣的例子套用在莊家身上：

賣出買權（SC）：等於是看不漲，就是跟買進買權對做。賣出9900的買權，只要沒有漲過9900，結算後你就贏了，通吃買方的150點權利金。

賣出賣權（SP）：也就是看不跌，跟買進賣權對做。賣出9700的賣權，只要沒有跌破9700，結算後，買方的

102點都是你的。

如果還是不熟悉，可以再練習一下。

假如大盤指數來到9800點，你認為不會大跌，但漲不過10000點，也就是你認為10000點是天花板了，估計後續會漲但不會過。此時，你可以選擇賣出10000點的買權。

結果不幸的，你看錯了，結算時指數漲到10200點，這樣會賠多少？假設你的成交價是賣出150點，可得知你的損益兩平是大盤漲至10150點（1萬加上150點），結果最後是10200，等於超過50點，那就是損失2500元（50乘以50）。

結論是，如果你當莊家，大盤從9800漲到10200點，才賠50點。

再舉個例子，假設大盤目前是9888點，你看會跌但不會破9700，而9700的成交價為102點，所以你賣了葡萄（賣權），可得知你的損益兩平是大盤跌至9598點。但是，大盤大跌到9500點，多跌了98點，而這98點是你實際賠了98點，這就是當賣方的損失。

你發現了嗎？賣權是做對方向時就可以收買方的權利金，所以稱為莊家，因為莊家保證金比較高（期貨交易所有保證金公式，每個履約價都不同，但大致來說，賣在價

平〔大盤接近履約價〕或價外〔大盤遠離履約價〕的履約價，約2～3萬台幣左右），所以多數人都是當買方，然而當買方時，即使你看漲去買可樂，也看對了方向，但如果漲不夠還是虧，這就是當買方的悲哀。

　　以這個機制來看，買方比較容易輸，莊家比較容易贏。買方看對方向，但若是力道不對，你的成本還是會歸零。莊家只要沒達到看不跌以及看不漲的底線成本，就能吃掉買方的權利金，勝率比較大，所以這是有錢人容易贏的遊戲。

圖表6-2　**賣出賣權損益（示意圖）**

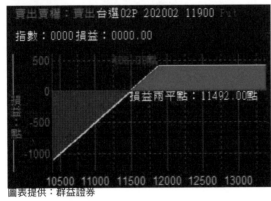

賣出賣權
操作時機：預期行情盤整
偏漲（單位：一口）

最大獲利：408.00 點
最大損失：到期指數跌得
越多，損失越大

保證金：支出 55200 元

權利金：收入 20400 元

損益兩平點：11492.00 點

圖表提供：群益證券

圖表6-3 ▶ 賣出買權損益（示意圖）

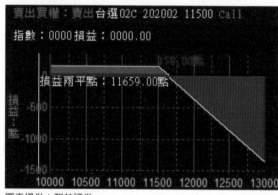

賣出買權
操作時機：預期行情盤整偏跌（單位：一口）

最大獲利：159.00 點
最大損失：到期指數漲得越多，損失越大

保證金：支出 42750 元

權利金：收入 27950 元
損益兩平點：11659.00 點

圖表提供：群益證券

圖表6-4 ▶ 買進賣權損益（示意圖）

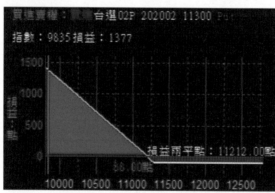

買進賣權
操作時機：預期行情快速大跌（單位：一口）

最大獲利：到期指數跌得越多，獲利越大

最大損失：88.00 點
保證金：0 元
權利金：支出 4400 元
損益兩平點：11212.00 點

圖表提供：群益證券

圖表6-5　買進買權損益（示意圖）

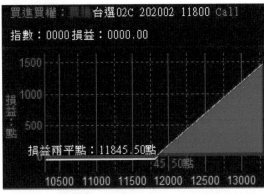

買進買權：　　台選02C 202002 11800 Call
指數：0000 損益：0000.00

損益兩平點：11845.50點

45.50點

10500　11000　11500　12000　12500　13000

損益：點

1500
1000
500

買進買權
操作時機：預期行情快速
大漲（單位：一口）

最大獲利：到期指數漲得
越多，獲利越大

最大損失：45.50點
保證金：0元
權利金：支出2275元
損益兩平點：11845.50點

圖表提供：群益證券

計算方式補充

買權的買方要參加結算，必須是結算價＞履約價

結算損益要用（結算價－Call履約價－BC成交價）×口數×50

買權的賣方之結算損益為（Call履約價－結算價＋SC成交價）×口數×50

賣權的買方要參加結算的條件則是履約價＞結算價

結算損益要用（Put履約價－結算價－BP成交價）×口數×50

賣權的賣方之結算損益為（結算價－Put履約價＋SP成交價）×口數×50

圖表6-6 履約價的跳動方式 (1) 週選擇權

周選擇權履約價差50點

結算日為每週三

加權指(POW00)

時:13:30:00 價:10549.04 　　　　-182.71

	CALL			PUT	
漲跌	成交	履約價	成交		漲跌
-148	167	10400	27.5		+21.8
-138	122	10450	38		+37.2
-134	86	10500	50		+38.5
-124	56	10550	70		+53.5
-102	32	10600	98		+73
-79	17	10650			+96
-53.1	7.9	10700	173		+119
-34	4	10750	214		+134
-18	2	10800	268		+157
-8.6	1.4	10850	312		+161
-3.6	1	10900	356		+162
-1.4	0.7	10950	410		+168

50點

圖表6-7　履約價的跳動方式 (2) 月選擇權

月選擇權履約價差100點

結算日為每個月第三個禮拜三

CALL			PUT	
漲跌	成交	履約價	成交	漲跌
-137	329	10200	58	+35.5
-127	250	10300	78	+45.5
-116	175	10400	106	+59
-97	115	10500	146	+78
-74	69	10600	202	+103
-51	37	10700	269	+125
-30.5	18.5	10800	345	+141
-14.9	9.6	10900	443	+164
-6.5	5	11000	535	+172
-2.5	3	11100	635	+174
-0.5	2.2	11200	715	+160
+0.1	1.6	11300	820	+170
--	1.1	11400	--	
+0.2	1	11500	--	

100點

簡易歸納4種買賣形態

從上述四種基本形態可以知道，如果你看漲大盤，你可以有兩種策略，一個是**賣賣權（賣葡萄）**，或是**買買權（買可樂）**。反之，**看跌可以選擇賣出買權（賣可樂），或是買賣權（買葡萄）**。

部分投資人，把選擇權當成避險工具，替股票避險，假設手上的股票都是做多，但預料未來幾天大盤有可能會下殺，就做空選擇權，讓獲利彌補股票的虧損，控制整體損失部位。

以美股為例，蘋果、亞馬遜的股票都有選擇權，長期持有股票者，總會面臨股市上漲下跌的時刻，例如蘋果股價下跌時不想賣掉，就去買葡萄，然後你的葡萄會長大，就能彌補股票的虧損。

從這四個基本形態可以知道，莊家的成本比較高，但是贏的機率也高，所以這是個富人更富的遊戲。難道資本較少的散戶就沒有機會在選擇權穩定獲利嗎？當然不是，散戶可以透過「多頭價差」與「空頭價差」，來提升勝率。

6-3

活用「多頭價差」策略，精確鎖住風險

　　由四個選擇權基本形態可以得知，光是當買方很容易輸，尤其當你成本愈高，愈容易被莊家吃掉，**為了當個安全的買方，在多頭趨勢下，也要當賣方，把風險與成本降低。**

　　要做多頭價差，可以分為買權多頭價差，與賣權多頭價差。

　　給各位幾個好記的口訣：

　　成本就是權利金，分為買方（支付的）、賣方（收到的）。

　　多頭價差：履約價買低賣高

　　空頭價差：履約價買高賣低

　　損益兩平計算方式：

　　買權或價差（CALL或可樂）：成本＋高履約價

賣權或價差（PUT或葡萄）：成本－低履約價

價差的獲利及虧損計算方式：

買方：獲利＝履約價的價差－成本，虧損＝成本

賣方：獲利＝成本，虧損＝履約價的價差－成本

圖表6-8　**3個履約價的價格表（試算用）**

CALL	履約價	PUT
209	9800	129
150	9900	184
100	10000	100

接下來，以**圖表6-8**的數據為例進行試算。

1. 買權多頭價差：

假如你看好大盤會大漲，可以買靠近履約價9800的可樂，以及賣出價外一檔9900的可樂，當買方的成本是209點，但是當莊家可以收權利金，所以可以回收150點，相減後一組單的成本只要多付59點，這59點是你支付的。

假設指數如預期上漲至10100點，你買的履約價9800的可樂會漲300點（10100－9800）是你賺的，你賣

LESSON 6　選擇權有高勝率公式，運用價差交易穩定獲利

的履約價9900的可樂會漲200點（10100－9900）是你虧
的，那麼相加減是賺100點，再減成本59點，因此多頭
價差是獲利41點乘50元等於2050元。由此例來看，正如
同口訣「買方：獲利＝履約價的價差－成本」，也就是
（〔9900-9800〕－59點）×50元＝2050元。

　　所以，如果指數沒照預期上漲，買靠近履約價9800
的可樂是損失209點，賣出價外一檔9900的可樂是賺150
點，那麼相加減是虧59點，59點乘50元等於2950元。這
正如同口訣「買方：虧損＝成本」。

| 圖表6-9 | 買權多頭的操作示意圖 |

圖表提供：凱衛資訊－統 eVIP

2. 賣權多頭價差：

　　一樣的狀況，也可以用賣權來做多頭價差。可以先當
莊家賣出9900的葡萄，成交價184點，再當買方買進
9800的葡萄，成交價129點，那麼成本為55點收到的。

　　假設指數如預期上漲，賣履約價9900的葡萄賺184
點，買9800的葡萄虧129，那麼相加減賺55點乘50元＝
2750元。這正如同口訣「賣方：獲利＝成本」。

萬一指數不如預期，跌到9500點，賣9900葡萄等於虧400點，買9800點葡萄會賺300點，那麼虧損100點再減掉成本55點，就只有賠45點乘50元等於2250元。即使大盤不如預期狂跌三、四百點，交易人因為在9800以下買了保險，都不會再有虧損，頂多只有損失45點，透過組合單把風險都鎖住了。

圖表6-10 賣權多頭的操作示意圖

☑	動作	買賣別	商品名稱	商品	現價	口數	價位	倉別	條件
☑	刪除	●買進 ○賣出	台指選12 P 9800	商品	129	1	129 限 市		ROD
☑	刪除	○買進 ●賣出	台指選12 P 9900	商品	184	1	184 限 市		ROD

圖表提供：凱衛資訊－統 eVIP

由此得知，**賣權多頭價差單只要不漲、小漲、大漲都可以賺到錢，小跌甚至也有機會賺錢**，因為有買葡萄來當保護，只有大跌特跌會賠到錢。

運用價差單策略還有一個好處，就是避免當莊家時的無限虧損風險，因為風險透過對做的單來鎖住。

既然有多頭，就有空頭價差。如同股票做空，看準大盤跌做空來獲利。

1. 買權空頭價差：

延續上面的例子，當你看空大盤，選擇賣靠近大盤的

可樂履約價9800點，再買遠一點的9900可樂作為保護，成本為賣209點－買150點＝59點，是你收到的。

　　假設你看錯了，大盤最後是漲到10000點，漲了200點，賣履約價9800點是賠200點，買履約價9900是賺100點，那麼相加減是賠100點，再扣掉成本，等於損失41點，也就是一口損失2050元。這如同口訣「賣方：虧損＝履約價的價差－成本」。

　　相反的，如果大盤如預期下跌了，賣履約價9800點是賺209點，買履約價9000是賠150點，那麼相加減之後，一口獲利59點，也就是2950元。這如同口訣「賣方：獲利＝成本」。

　　這個組合單的好處是，小跌、大跌和小漲都有機會賺錢，最多賠41點。**從以上的例子可以看出，下單前隨時都要設想，萬一做錯方向怎麼辦。透過組合單，鎖住風險，是可以常常運用的獲利策略。**

圖表6-11　**買權空頭的操作示意圖**

☑	動作	買賣別	商品名稱	商品	現價	口數	價位	盒別	條件
☑	刪除	◉買進 ○賣出	台指選12 C 9900	商品	150	1	150 限		ROD
☑	刪除	○買進 ◉賣出	台指選12 C 9800	商品	209	1	209 限市		ROD

圖表提供：凱衛資訊－統 eVIP

2. 賣權空頭價差：

當看跌大盤而買葡萄時，葡萄很容易變葡萄乾，因為看不準會歸零倒賠。

舉例來說，你看跌大盤，選擇買進9900點葡萄，再賣9800點葡萄。假如你看錯了，大盤最後漲到10000點，那麼買葡萄履約價9900是賠184點，賣履約價9800是賺129點，相減為成本55點是你付的，也就是損失掉了。這如同口訣「買方：虧損＝成本」。

若大盤如同你預期跌到9700點，買葡萄履約價9900是賺200點，賣葡萄履約價9800是賠100點，相減為賺100點，再減去成本55點等於賺45點，也就是2250元，是你最大的獲利。這如同口訣「買方：獲利＝履約價的價差－成本」。

圖表6-12 ▶ 賣權空頭的操作示意圖

☑	動作	買賣別	商品名稱	商品	現價	☞	口數	☞	價位	倉別	條件
☑	刪除	⊙買進 ○賣出	台指選12 P 9900	商品	184		1 ⊞ ▼		184 ⊞ ▼	限 市 ▼	ROD ▼
☑	刪除	○買進 ⊙賣出	台指選12 P 9800	商品	129		1 ⊞ ▼		129 ⊞ ▼	限 市 ▼	ROD ▼

圖表提供：凱衛資訊－統 eVIP

6-4

「鐵籠交易」策略的勝率高達八成，讓你樂當包租公

組合高勝連戰法，讓你獲利機會高達八成！

　　從上述四組價差單可得知，勝率比較高的選擇權操作方式是買權（可樂）空頭價差，與賣權（葡萄）多頭價差。把這兩組加在一起是賣方收到的，就衍生出最終極策略 —— 鐵籠交易策略（iron condor，又稱鐵禿鷹）。

　　不少人透過此種交易策略，穩穩獲利，如同收租金一樣，透過選擇權當包租公，勝率高達八成。我認為這就像是孫悟空的緊箍咒一樣，牢牢框住大盤指數。

　　然而我強調，**鐵籠策略用於結算日前1～2個交易日最有效，例如台股週選擇權是週三結算，所以建議在週二下單，週三結算時不需要進一步做動態調整。如果是在結**

算前太遠的交易日組鐵籠交易，籌碼比較不穩定，以及組了鐵籠還要依照當下的局勢做遠、近價差點位的調整，會比較麻煩，勝率也會偏低。

因此，一週當一次包租公，較輕鬆無壓力。

圖表6-13 賣權多頭價差

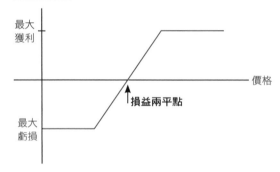

圖表6-14 買權空頭價差

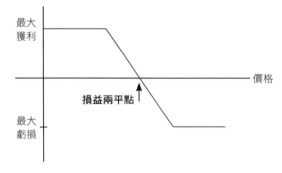

圖表6-15　鐵籠策略

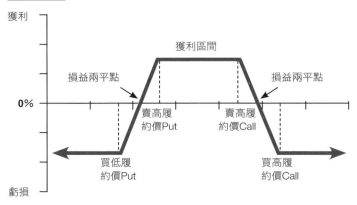

　　鐵籠策略也是目前小資族密切執行的選擇權交易策略。接下來舉例說明。

圖表6-16　鐵籠策略範例數據

Sell Call	10100
Buy Call	10200
Sell Put	9600
Buy Put	9500

　　例如，目前大盤指數接近10000點，上檔我去賣10100點（近）的可樂，買10200（遠）的可樂；下檔我去賣9600點葡萄，買9500點葡萄。像籠子一樣框起來。再把當時的成交價點數算進去（見**圖6-17**），就能計算

出：大盤指數在9557到10143之間，你都能賺錢，中間
有586點的空間。買月選擇權時，一個月大盤指數要突破
600點的區間是很困難的，所以此鐵籠策略勝率高。

圖表6-17 鐵籠策略操作示意圖

☑	動作	買賣別	商品名稱	商品	現價	☞ 口數		☞ 價位	倉別	條件
☑	刪件	○買進 ○賣出	台指選12 C 10200	商品	48.0	1		48 限市		ROD
☑	刪件	○買進 ○賣出	台指選12 C 10100	商品	69	1		69 限市		ROD
☑	刪件	○買進 ○賣出	台指選12 P 9500	商品	56	1		56 限市		ROD
☑	刪件	○買進 ○賣出	台指選12 P 9600	商品	78	1		78 限市		ROD

圖表提供：凱衛資訊－統 eVIP

　　鐵籠策略的公式是「**上檔賣靠近你的，下檔買離你遠
的**」。如此一來便能把獲利跟風險都鎖住。從多頭、空頭
價差再到鐵籠，一個重要的關鍵字是「風控」，**鐵籠策略
組合單最大的虧損就是「履約價的價差－成本」，即使方
向做錯邊，最大的虧損是固定的。**

　　裸買是高報酬，但容易吃歸零糕。裸賣是遇到黑天鵝
事件，就傾家蕩產，所以，你想要持有八成勝率，長久獲
利下去，還是要釘孤枝（台語），拚個一夕致富或是破
產？決定權在你手上。

　　我強調，鐵籠策略的理念是「要高勝率，而非高報酬
率」！而且，一旦熟悉如何組鐵籠，不論指數漲跌都能賺
錢，哪邊肥肉多就組哪邊的價格，習慣後就能無腦收租，
不需要太費心力。

NOTE

刀神實戰事件簿：海期與美股

7-1

美股：2019 年 8 月突破
川普大軍穩穩獲利

事件簡易背景介紹

　　2019 年 8 月是多頭修正時期，也是豐收月。當多數人被川普投顧耍的時候，我早已事先在 7 月底美股創新高時，就在社團提醒無數次，美股高點近了，所以小那斯達克 8000 點是放空觀察點，還有 S&P 3000 點時應進入警戒。

　　當時網路出現許多沒有憑據的言論，但我未受影響，仍堅持自己的觀點，伺機布空。

　　劇情果然發生得很快，7 月 31 日美股閃崩，搭配美國 Fed 僅降息一碼，失望性賣壓出籠，空單在 8 月初歡喜噴錢。崩盤的那一週，刀神最高紀錄是 2 天賺近 3 百萬台幣，每口單獲利 1 萬美金以上成為一種常態，刀神學生也不乏獲利百萬的例子。

我如何看出美股已到高點？

若要問我如何在7月底就嗅出反轉訊號，這當然是從技術指標最先透出端倪，還有各種想要掩飾事實或是助攻的新聞，作為驗證參考，後者需要一點想像力，你不被新聞牽著走，才有獲利的大空間。

圖表7-1　刀神8月10日分享的對帳單（單位：美金）

商品名稱	買賣類別	平倉日期	成交日期	買賣別	口數	成交價	損益	手續
M 201909	對應	2019/08/06	2019/08/01	賣出	1	27,090	--	6
M 201909	沖銷	2019/08/06	2019/08/06	買進	1	25,350	8,700	6
M 201909	對應	2019/08/06	2019/08/01	賣出	1	27,090	--	6
M 201909	沖銷	2019/08/06	2019/08/06	買進	1	25,350	8,700	6
M 201909	對應	2019/08/06	2019/08/01	賣出	2	27,026	--	1
M 201909	沖銷	2019/08/06	2019/08/06	買進	2	25,350	16,760	1
M 201909	對應	2019/08/06	2019/08/06	買進	1	25,580	--	6
M 201909	對應	2019/08/06	2019/08/06	買進	1	25,673	--	6
M 201909	對應	2019/08/06	2019/08/06	買進	3	25,672	--	1
M 201909	沖銷	2019/08/06	2019/08/06	賣出	5	25,789	3,380	3

圖表7-2 ▶ 8月2日時的線圖

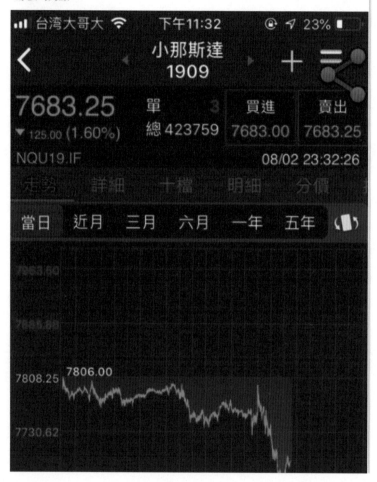

　　先從技術指標來看，這個用國際炒手的錢，畫出來的線型不會騙人。**證據一**，從圖表**7-3**那斯達克指數可以看出，**7**月已經達到高點，比**5**月還要高，但是**7**月卻出現**KD**指標背離高的現象，需要拉回才能化解。

　　此時此刻，刀神的判斷是拉回，但還不確定大跌，所以在8030點時先布空單，等待一破8000點立即再追空。

　　反觀那斯達克8000點時，不少人追多，註定就是套在山頂上。

　　除了高檔背離，**證據二是那斯達克日線出現月線反壓，但仍在季線之上**，月線是給空方信心，因為一條下降趨勢的月線，不容易反轉，然而季線成為多方的最後一道防守，如果以月、季線的距離來看，空單應有500～600點的獲利空間。

圖表7-3　那斯達克指數價格變動示意圖

圖表提供：TradingView

　　請把美股看成一個整體，觀察完那斯達克，再來看道瓊走勢。

　　7月27日時觀察道瓊的小時圖，呈現區間震盪。整體維持在一個箱型內震盪，創高只是給投資人一個交代，後續怎麼走是重點。畫好箱型後（見**圖表7-4**），可以發現箱型上緣、大約27350是很好的空點。當時刀神的計畫是，如果跌破下緣27050，會有大崩盤。因為道瓊兩週的高點盤整，盤久必跌。

　　證據三，除了看日線圖與60分線圖，觀察小藍（20T）小綠（60T）是否即將要死叉，同時要看一下5分K線圖。觀察當日走勢，會發現道瓊在當日5分線圖，很努力的爬高，卻在尾盤掉回來，尤其價格掉的時候出現大賣量，這是一種拉高出貨的現象。

　　看完細部，要回頭想，道瓊整體在區間盤整，投資人討不到大便宜，道瓊這樣的走勢，可以視為美股的主要輪廓，其他指數不可能超乎尋常的好。

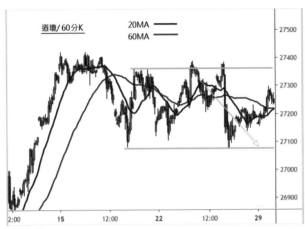

圖表7-4　小道瓊7月27日畫的箱型盤整，60分K圖

圖表提供：TradingView

道瓊真聽話，隨後的圖長這樣（見**圖表7-5**）。

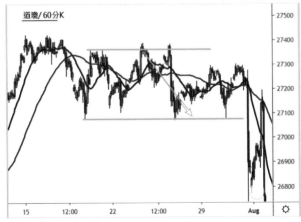

圖表7-5　道瓊盤整後走勢

圖表提供：TradingView

觀察台股走向讓我提早嗅出美股走勢

7月底美股在創新高時，當時台股的氣氛是要挑戰1萬1千點，結果在7月23日，盤中達到10994高點後，力道轉弱，30日啟動下跌，比美股早1、2天出現敗象。

台股是國際股市重要的一環，這座小島上的資金動態，我一樣重視。結果我在10814時追空，跌了200點後繼續放空，分批做空，直到10260時平倉。追波段就是要有500點以上的甜頭，不是只有50、100點。

歷史上，台股常常比美股優先表態，因為市場淺，外資多，所以外資法人的動態一有不對，台股往往會比美股更早表現出來，這個訊息加深了刀神當時看空美股的信心。

圖表7-6　台股比美股早崩

圖表7-7　**8月2日刀神的FB社群貼文**

趙道森
　管理員·8月2日上午11:24

非得要到了這個時候你才知道咱們苦口婆心叮嚀，提醒，都是為了什麼！0723開始提醒主力倒貨...，0724美股大格局警訊，當時不是沒來，而是現在來的時候你跑不掉的！主力撐盤給你失去戒心，有人就開始在高檔無腦多，俗話說新手死在山頂，老手死在半山腰，昨天接刀的也掛了吧？

不管如何做錯的停損都是小事，怕你繼續凹單，怕你執迷不悟，怕你想不開啊！昨天散戶留倉一萬口多單，今天台指期貨跌200點，你看有多少人去接刀啊！

刀神太早提醒，很多人以為我在看錯了，結果呢？盤從10944跌了400點了呀！還能無腦多嗎？希望你沒受傷才好！

　　台股的觀察點也別忘了其他亞股，美股在創新時，香港恆生在反送中事件尾端，出現反彈，但是反彈未過，並再度跌破季線，並靠近6月低點。

　　全球股市像是蘿蔔蹲的遊戲，每個蘿蔔都會蹲到，且常常是亞股先跌，再來歐洲，再來美國。美國的體質比較不同，因為交易金額大，市場大、主力比較好倒貨，所以美國常是最後才倒完貨。

　　不過其實當時只要仔細觀察，會發現美國龍頭公司產業已經出現徵兆，像是7月底時美股龍頭公司亞馬遜跌破季線，SMH美國半導體指數（ETF）破月線，技術線型出現走空頭部，可以判斷出半導體的春天已經走完。此時，半導體大廠AMD的股價也走跌。

　　所以在美股指數創新高時，也不能一味盲信。假如觀察到重點產業的股價都在走弱，這時就不能被蒙蔽雙眼。再放大格局看，當亞股疲弱、歐股下彎的時候，美股怎麼可能獨強？

　　這就是順勢的力量，要順勢而為才能大有可為。但是刀神在操作上仍有一些喜好，例如當預測會大跌前，如果買葡萄（選擇權PUT）可以賺更多，但我為什麼沒有這樣做？這是因為我這樣做可以每天輕鬆的看盤，不會因為時間價值流失而緊張，導致亂了操作。

　　在此提醒投資人，當大行情還沒來的時候，千萬不要

壓重注。在盤整時，我幾乎都是只派哨兵出場測測風向。

2019年7月份時，我空點設定在跌破小那斯達克8000以及跌破小道27000時放空，這讓我在8月初的拉回修正時，差不多賺了小那斯達克500點、小道瓊1700點的波段行情。事實上，下單要有邏輯，看盤勢有出現好的點再追單，不然就是每天賭博而已。我不光炒短線，期待在8月飛黃騰達大賺一筆，而是追求8到12月都要穩定獲利。

刀神教你如何找反彈時機

刀神有一個口訣：「破、彈、空」，如果破了支撐，可能會出現一波反彈，反彈之後，再繼續空。所以破了支撐，可以回補空單，等反彈的時候再布空，千萬別在急殺後追空，窮寇莫追，即使是空方趨勢，也必須反彈到壓力找空點，不然軋空秀（指放空後股票不如預期下跌，反而回漲）隨時會出現。

7月底我設好空單劇本，這批空單在8月初收割了5天，直到8月5日的小道瓊出現長黑，隔日我看準走勢，搶反彈在25600時做多（作風較保守的人，建議可以觀察60分K線，看到藍綠金叉時，也就是大約25800的位置反手做多）。搶完反彈後，再觀察盤勢是否轉為多頭，當時我原本也希望盤勢一路往下不用平倉，但眼見為憑，看

線型站上小綠，小橘，我還是反手做多。

圖表7-8 ▶ 8月5日長黑後，我佈下做多，準備搶反彈

圖表提供：TradingView

平倉完，我以悠閒的心情看著美股指數的熊旗走勢，並自己規劃一下接下來的劇本。

圖表7-9 ▶ 平倉後的熊旗走勢

圖表提供：TradingView

　　8月12日時，我也是搶反彈豆腐，看好趨勢站上10日線，手腳很快的吃了幾趟。

圖表7-10　8月12日時，靠反彈賺一筆

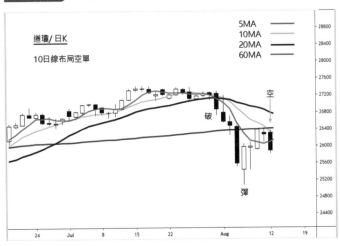

收割一下對帳單（8月13日）。

圖表7-11 ▶ 8月13日的對帳單

（註：除恆生指數單位為港幣，其餘均為美金）

報筆數:8(頁次 1/1)

交易所	商品	買賣	未平倉口數	未平倉損益	成交均價	即
CBT	小型道瓊指數201909	賣出	4	10,095	26,313.75	2580
NYM	白銀201909	買進	4	10,450	1,692.25	174
CME	小NASDAQ201909	賣出	2	18,425	8,000.625	754(
NYM	黃金201912	買進	4	13,960	1,502.4	153
CME	迷你S&P201909	賣出	6	16,075	2,927.3333	287
NYM	輕原油201909	賣出	4	360	55.08	54.
SGX	富時A50指數201908	賣出	6	505	13,106.6666	1302
HKF	恆生指數201908	賣出	1	33,200	25,812	2514

五商品過
一萬美金

如果不是專職操盤者，可以靜候好的進場點再做。有時人不在場內，可以看得更清楚。**好的進場點除了看形態價位，週KD也是分水嶺，週KD90以上做空單，週KD20以下做多單。**

　　同時，我也搶 S&P500 的反彈時機，看到 60 分 K 的小藍（20 T）小綠（60 T）金叉，雖然後面有修正，但修正就是買點，接著便可吃到整個反彈段。直到碰到下降壓力線時，再觀察是否平倉。

　　美股是一艘大船，看準方向後，可以多個指數同步觀察，再通吃。刀神一再強調，要有自己的交易系統，接刀要給自己理由，為什麼這個時機要接刀、或是追空。

　　如果你沒有系統，只是憑感覺來操作，建議回台股再練一練，畢竟台股變化速度較慢，不像美股指數可以 10 秒掉 100 多點，道瓊可以瞬間掉 200 多點。**由於美股翻臉速度太快，建議投資人一定要設觸價單，不然手指頭絕對趕不上變盤的速度。**

　　記住，多頭市場緩漲急跌，急跌時一定要利用觸價單避開大風險，才能保有重新進場的門票。

7-2

天然氣期貨：掌握歷史軌跡，每年賺一輪

從歷史回顧中，看出低點價位

投資一項產品時，一定要先做歷史回顧，這時要拉出月K圖，迅速找出過去幾年的低點價位。以天然氣而言，經過觀察後，會發現天然氣的歷史長線，買點大約是在2元以下。2012年最低點為1.9元，2016年最低也是1.9元，此時心裡就要有譜，買在2元以下的心理壓力比較輕。

但是投資也看個性，有的人喜歡低點佈局，即使遇到價格上下沖洗都能耐得住，等抱到波段滿足點再脫手。我的個性是先看技術線型，確認底部形成後，再使用哨兵策略進場，在築底時少量佈局，待趨勢如預料往上走時，再加碼。

如同我常說的，**最好的進場點通常是最不舒服的**，買在低點要熬過主力甩轎，但是獲利幅度最大，投資人手上

最好保有較多保證金，或是懂得控制投資部位，部位不放
太多，壓力輕，就能耐得住主力上下洗盤。

圖表7-12 天然氣的歷史線圖（1）

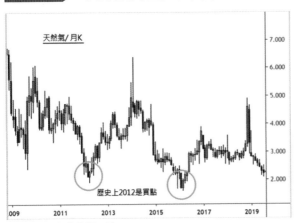

圖表提供：凱衛資訊－統 eVIP

圖表7-13 天然氣的歷史線圖（2）

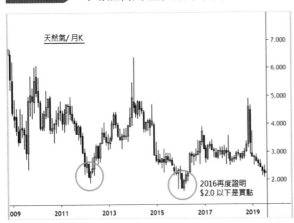

圖表提供：凱衛資訊－統 eVIP

前文提到的「築底」，可以從頭肩底形態觀察，從K棒圖來看，天然氣的打底從左肩底到右肩，要整理半年時間，此時眼光要放遠，從線型左肩等到右肩，忍個3個月打底，此時刀神大多默默關注形態的成型。在2元以下少量、無壓力佈局。

📝 頭肩形態

技術線型形態之一，分成頭肩頂和頭肩底，可看出買進或賣出訊號。頭肩頂通常出現在波段的高檔，由一個頭、兩個肩組成，頭部的位置高於兩肩。頭肩底則通常是在股價波段的低檔，同樣由一個頭、兩個肩組成，但頭部的位置低於兩肩。

天然氣打底過程長，要耐得住洗盤

根據觀察，我發現每次打底至少都要花半年的時間，因此在2019年7月到10月的打底過程中，我持續觀察動態，直到形態走到右肩。

在打底的過程中，如果進場的人，沒有被洗盤的心理準備，只要看到日K線拉回（下跌），或許就覺得是世界末日，因為天然氣拉回幅度蠻大，一根K棒等於一天，有時甚至一次拉回3%至5%，對很多人而言，無法承受其心

理壓力。

　　但是懂的人會知道，「拉回其實是買點」，也就是加碼時機。

　　如何克服壓力勇敢進場加碼？我回頭看歷史軌跡，發現2元以下有個經年累月的支撐線，加上以前的線型盤更久，但是盤久漲幅愈驚人，所以等待是很划算的。了解到這一點後，在拉回時反而會想加碼。

　　我建議投資人如果想要儘量避免價格被上下洗刷，可以買在「右肩」形態成型後，此時隨時會噴出往上漲，可以立即享受漲幅，雖然無法買在最低點，但是至少可以減少價格上下波動的等待時間。

　　天然氣突破後，一根長紅就可以突破5%，我在一開始的策略是，每當價格到2元以下，就進場買1～2口，無壓力、無腦佈局，等到底部形成，我會再進場買入十幾口，等著繼續噴發。

圖表7-14 天然氣打底約需半年

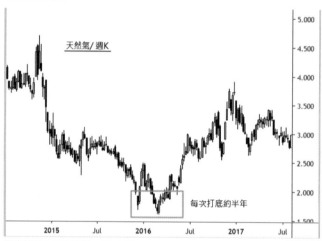

天然氣/週K

每次打底約半年

2015　　Jul　　2016　　Jul　　2017　　Jul

圖表提供：凱衛資訊－統 eVIP

圖表7-15 肩頸形態示意圖

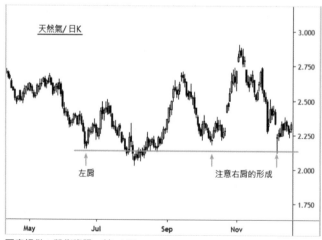

天然氣/日K

左肩　　　　　　　注意右肩的形成

May　　Jul　　Sep　　Nov

圖表提供：凱衛資訊－統 eVIP

圖表7-16　歷史上的天然氣漲幅

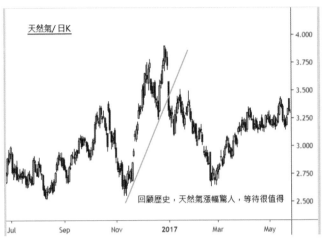

圖表提供：凱衛資訊－統 eVIP

圖表7-17　右肩成型後再進場，省去等待時間

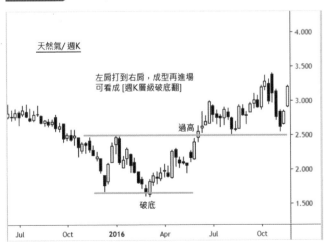

圖表提供：凱衛資訊－統 eVIP

價格出發後,還想進場怎麼辦?

很多人想等價格正式出發再來買,但往往一突破就拉長紅,此時未進場的投資人通常更不敢追。**如果你照原先的承諾執行進場,一突破就買進,其實還是會賺。以我來說,當圖表7-18中突破第一根紅棒時,我仍然在加碼,因為我在底部時已經先佈局,獲利拉開後,接著就有勇氣加碼進場。**

當我手上已經有獲利單,就像是買了保險,帳上已經有獲利,所以再進場的底氣就有了。但人性是,底部時不敢進場,突破時不敢追高,那到底何時才能進場?許多人往往是漲好幾天以後才進場,屆時風險增高,只要主力一有下車動作,散戶就更抱不住,會更想閃人,容易造成一買就虧損,或是賺一點就跑。

如果每筆單子都是小賺或小賠,結算長期下來的損益,通常是賠的居多。期貨產品要有賺賠比的概念,賺的就要抱久一點,讓子彈飛,獲利入袋,才能讓你在遇到虧損時,有本金可以賠。

我的進場策略,除了在底部少量佈局之外,按照核心操作宗旨,開小時線60分K圖來看,觀察上升趨勢線是否不變。當價格跌破小藍(20T)小綠(60T)時,我會持續觀察,看看是否繼續破底,或是站回;當形態站回小

藍（20T）小綠（60T）線時，我會加碼進場，因為這代表上升趨勢圖沒有被破壞，可以安心佈局。

但我要再次強調，低點要先佈到局，後面起漲時才有勇氣繼續追高加碼，因為此時的心理壓力與毫無佈局者的心態是不一樣的。

圖表7-18　觀察60分K（小時線），看出趨勢

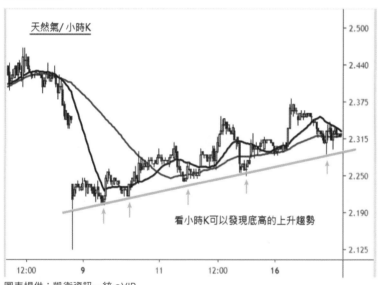

圖表提供：凱衛資訊－統 eVIP

從上圖還可以觀察一點，就是**K棒**拉回時，有沒有破前面的低點，當低點愈來愈高時，代表仍走上升趨勢，心態上可以不用擔心、害怕。

　　只要小藍（20Ｔ）、小綠（60Ｔ）沒有破線，就可以持續找加碼點。同時投資人也可觀察成交量，**會發現當拉回又站回時，成交量都會增加，顯示有人進場佈局，形成未來的支撐。**

　　也就是說，如果要下殺，還有其他投資人頂著，籌碼上這麼顯示，就更不需要擔憂。但要注意，如果不是玩當沖，以日Ｋ的成交量來當作參考，會比小時線的成交量更具參考性。

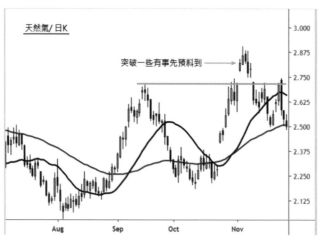

圖表7-19　觀察日Ｋ，確定進場的力道

圖表提供：凱衛資訊－統 eVIP

天然氣的走向，可從氣候來先行預測

　　天然氣是季節性商品，不止要從技術面分析，也需要參考基本面。舉例來說，我會觀察氣候資訊網站weather.com，只要顯示氣溫低於平均（below average），便能預先想到天然氣價格會往上走的機率高，因為美國家庭與辦公室企業要開暖氣，需求量就會增加。

　　但是並非每個冬天，天然氣都會有一波這樣的行情可抓，**以長線觀察，大約4年會有一波大行情，而回頭對照當時的天氣，低點時通常會是極端氣候，而天然氣沒有明顯行情時，則通常高機率是暖冬**，因為暖冬導致天然氣的需求銳減，價格便不會衝高。

　　舉例來說，2018年出現極端氣候，對照技術線漲幅，當年度就發生價格飆高的現象，這是供給跟需求之間的平衡，影響天然氣價格走勢。而2019年的冬天為暖冬，天然氣過不了前高，回檔幅度較深。

圖表7-20 ▶ 天然氣大約4年會有一波大行情

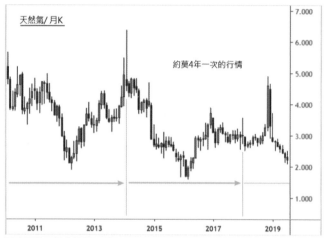

圖表提供：凱衛資訊－統 eVIP

　　同時，要觀察當年度天然氣庫存，如果庫存高，而氣候又沒有極端的冷，天然氣價格就容易下跌。

圖表7-21 ▶ 美國天然氣庫存走勢圖

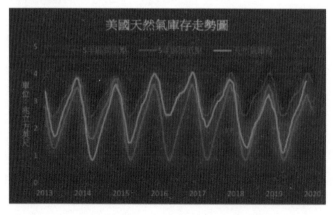

　　我在購買天然氣期貨前，以技術線型為主，基本線消息僅作為輔助。

　　我看上並開始操作天然氣項目，主要是因為天然氣在大漲時，漲幅常常以5％起跳，非常有誠意，當中遇到最好賺的時機時，甚至可能在兩天內漲10％，如果以指數型產品來換算，小道瓊要兩天漲2700點，才能等於天然氣的漲幅，但指數要在兩天內大漲那麼多簡直不可能。

　　不過要注意的是，**天然氣在溫暖的春夏季節，就沒有投資的價值。**天然氣的價格往往是在冬天時會有波動，而歷年漲幅通常是在12月或是1月後趨緩，這就是季節性商品的循環漲幅。所以我在操作指數型產品之餘，也會搭配能源類產品，在固定的時間賺進財富。當暖冬時，天然氣往往呈現下跌，寒冬時則容易上漲。

7-3

咖啡期貨：從大底中找到暴衝的前兆

從每天喝的咖啡中，找出獲利可能

許多人每天習慣來一杯咖啡，坊間咖啡連鎖店也蓬勃發展，如果把焦點放到咖啡豆期貨，會發現原來咖啡是僅次於原油的第二大宗物資，雖然咖啡豆期貨是在美國期貨交易所上市，匯集全世界的資金，但是最大宗的咖啡豆生產國是巴西，所以**巴西的貨幣、政策、咖啡豆供給，甚至氣候，都影響咖啡豆期貨價格。**

咖啡對氣候條件的要求很高，穩定的雨水和陽光，才能使咖啡正常生長；如今極端氣候常常發生，若影響咖啡種植，會引發價格上漲。

拉丁美洲的多數國家氣候溫和，降雨穩定，但每年6～7月是霜降季節，霜害是價格波動的因素之一。除此之外，全球變暖等不利氣候也是影響因素。2014年，一場

乾旱使巴西乃至全世界咖啡的價格大幅飆升，就是最佳的例證。

再者，政治也是影響因素。當巴西的政局發生不穩時，也會使咖啡價格上漲。

不過，由於我是技術指標為主，產業資訊為輔，我會先從線型的觀察，率先找到低點佈局咖啡豆的時機，再將咖啡的產業現況當作輔助的資訊。

如果你長期關注各種商品期貨，你會發現，線型邏輯其實是差不多的，從咖啡豆的線型來學習，熟悉後套用到其他商品期貨，肯定也有收穫。

咖啡豆的價格變化，與供需循環有密切相關

在此我先談談自己是如何發現咖啡豆進場時機。如果把長期線圖拉開來看，會發現咖啡豆期貨每2到4年會有一波谷底，我認為影響最大的是供需。

一旦咖啡豆因產量過多而導致價格跌到谷底，咖啡農夫將因收購價格過低而減產咖啡，甚至改種其他農產品；種植的人少了，讓供需上呈現需求大於供給，那麼咖啡豆價格便向上，這種循環是否會持續重複，從線圖上可以清楚發現。

圖表7-22 ▶ 咖啡豆的歷年趨勢

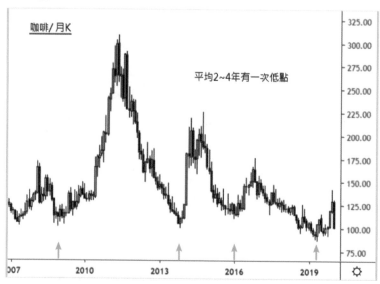

　　每隔幾年一次的高低起伏，最長大約是週期性四年一次的最低價底部，歷經2010年的一波漲、跌，到2014年再次到達底部。2019年的咖啡線型也曾經過一番整理。再回頭看看，上次咖啡豆跌到100元以下，是什麼時候？是在2009年以前。

　　對於這個現象，我開玩笑說，當時可能星巴克沒開設那麼多家，需求量不像現在大爆發，如今咖啡文化日益普及，許多咖啡連鎖店大量購買咖啡豆，讓這項農產品不會一直無止盡下跌。

圖表7-23　星巴克股價在2009年時在低檔，當時咖啡豆
期貨價格也在相對低位。

刀神如何從線型找出咖啡豆買點

所以,「要賺大條的,就是在歷史低點進場」,但是進場也不是無腦進,因為低點到了稍微往上後,還是會回測,也就是知名的「頭肩底」技術線型。因此看到低點,先別見獵心喜。

首先除了先穩定情緒,還要拿出耐心,慢慢觀察頭肩底線型的產生過程,在左邊完成肩部線條後,產生頭,切記仍然要按捺住不進場,看著頭部形成,逐漸往右肩進行,這時才在右肩這一段找點進場。

或許有人會問,既然是頭肩底線型,早知道可能會產生一個頭部,為何不先在低點形成時就進場?這主要是避免價格被「洗」。

急剎反彈後下跌,可能來不及跑,加上整個頭肩底的整理期可能長達3個月,如果太早進場,會被上下洗得失去方向、放棄人生,後面當你受不了這樣的波動而賣掉時,往往價格就會往上猛噴。

圖表7-24 從過去走向，預測2019年的咖啡漲幅

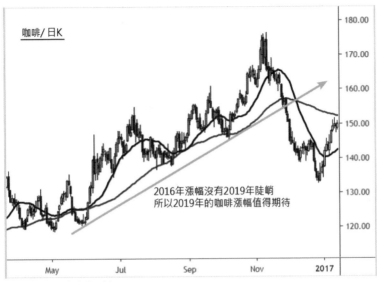

咖啡/日K

2016年漲幅沒有2019年陡峭
所以2019年的咖啡漲幅值得期待

圖表提供：凱衛資訊－統 eVIP

　　當我回頭看歷史時，發現咖啡豆在2016年的漲幅達到高點，但當時幅度並沒有2019年來得陡峭，因此我大膽假設，2019年會有相似、甚至更高的漲幅。

圖表7-25 ▶ 在跌勢中，也要留意線型是否形成

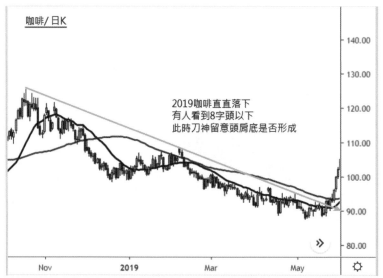

咖啡/日K

2019咖啡直直落下
有人看到8字頭以下
此時刀神留意頭肩底是否形成

圖表提供：凱衛資訊－統 eVIP

當咖啡豆價格在築底時，甚至可以看到8字頭，此時如果你聽到謠言，就先把價格往前拉看歷史，會發現歷史低點是9字頭，有個底在那，那麼當9字頭出現，線型也已經洗過時，就要想辦法進場。

圖表7-26 ▶ 運用頭肩頸線型來確認買點

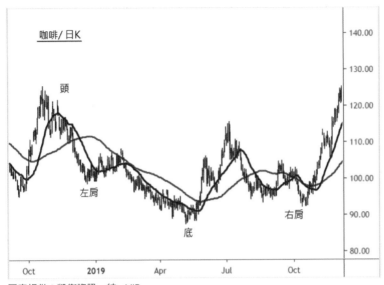

咖啡/日K

頭

左肩

底

右肩

Oct　2019　Apr　Jul　Oct

140.00
130.00
120.00
110.00
100.00
90.00
80.00

圖表提供：凱衛資訊－統 eVIP

　　我一路觀察，直到94元初，價格從底部開始向上突破時，我利用哨兵策略，先派小部分資金上場試水溫，當價格來到95元多左右，我知道方向對了，因此不斷加碼。然後，就是好整以暇的等，如果你進場的位置不夠安全，這種閒適感你無法享受。

圖表7-27 ▶ 運用線型來確實佈局，是刀神不敗戰法

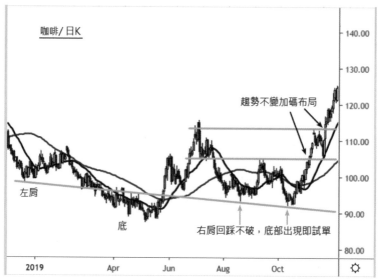

咖啡/日K

趨勢不變加碼布局

左肩

底

右肩回踩不破，底部出現即試單

圖表提供：凱衛資訊－統 eVIP

　　咖啡期貨每漲1點，一口的價差就是375美元，咖啡價格到2019年12月時，來到一口118美元，我靠這個交易爆賺了一筆。**選對位置，看準加碼時機，抱波段，等爆賺，就是這樣的輪迴。**一旦進場的位置沒那麼好，會一直打短單，受短期價格影響，就無法釣到龍膽石斑魚，只有吃吳郭魚的份而已。

圖表7-28　知道高點在哪，才能預期獲利

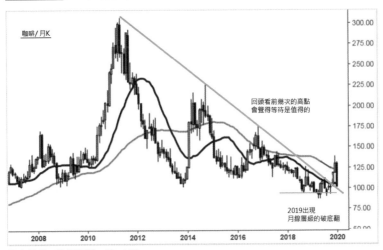

咖啡/月K

回頭看前幾次的高點
會覺得等待是值得的

2019出現
月線層級的破底翻

圖表提供：凱衛資訊－統 eVIP

圖表7-29　咖啡的歷史高點

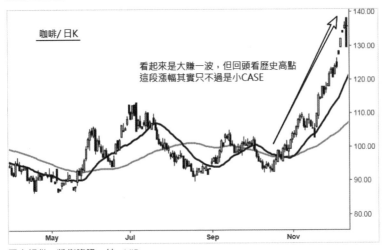

咖啡/日K

看起來是大賺一波，但回頭看歷史高點
這段漲幅其實只不過是小CASE

圖表提供：凱衛資訊－統 eVIP

圖表7-30 2018年的止跌反轉訊號

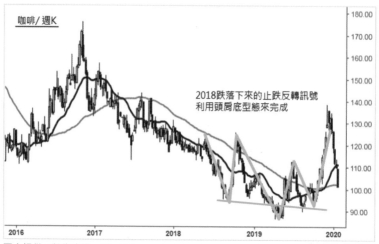

圖表提供：凱衛資訊－統 eVIP

圖表7-31 咖啡貿易網首頁

從產業訊息中，嗅出買賣的訊號

在投資咖啡時，需要產業的訊息，我會參考**圖表7-31**所示的這個咖啡金融網（http://www.coffeeexchange.cn/），上面會更新咖啡市場的最新近況。

圖表7-32 每天更新咖啡豆市場最新狀況

圖表7-33 看到適當的訊號就要抓緊進場機會

咖啡行业
— 咖啡资讯
— 行业动态
— 会员文章
— 可可头条

咖啡投资
— 咖啡投资
— 天气报告
— 库存报告
— 市场动态
— 现货交易所

咖啡社区
— 认识咖啡
— 品牌故事
— 咖啡周边

黑谷子智库
— 商业研究
— 金融研究

Marex预计2019/20年度全球咖啡逆差为470万袋

2019-10-29 18:46:58

咖啡金融网（www.coffinance.com）消息，Marex Spectron Group在一份电子邮件报告中表示，由于今年巴西咖啡产量恶化，将全球供应短缺（逆差）预期上调130万袋至470万袋。该机构曾认为2018/19年度（去年）全球咖啡产量盈余高达660万袋。

其中，Marex增加了2019/20年度全球咖啡消费需求20万袋，减少巴西阿拉比卡咖啡产量125万袋。

Marex评论道，全球咖啡产量盈余已经过去，我们正进入供不应求的时期，这将表现在咖啡出口数量的减少。

<u>关键词：咖啡产量</u>

咖啡金融网——数据，资讯，交易，金融，全球视野

　　看到上圖所示的咖啡豆供給逆差訊息給了我信心，這則訊息顯示市場上預估2020年咖啡豆還是逆差，代表需求大於供給，短期內，咖啡豆還是看漲機率大。

　　在咖啡豆期貨價格上漲的過程中，或許會有人疑惑到底要怎麼判斷加碼？我的方式還是看小時線綠巨人，只要60分K的60MA站上，沒有回測，或是回測後重新站上，就會加碼。

　　由於我在低點進場，手上抱著已經獲利的單子，在加碼上的心態就會比較放鬆，也會比較有信心。因為前面的進場成果，已經證明自己看對了。

起漲後，咖啡期貨如何找進場點與出場點？

 站上綠巨人，也是進場時機

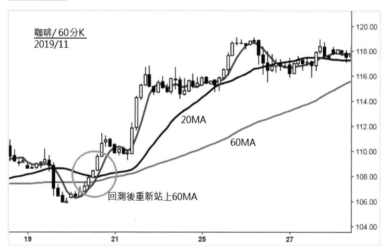

從上面線圖可以發現，假如在站上小藍（20T）（60分K的5MA），或是在站上綠巨人後上車，後面還有一段漲幅。

如果錯過前面的時機，可以持續觀察線型，只要多方趨勢不變，在站上綠巨人時進場也是不錯的策略，待獲利拉開了，後續才有勇氣再加碼。

只要多方趨勢沒有反轉，沿著5日線加碼也會是一個策略，因為強勢的線型，通常是沿著5日線前進。而建立在低點的人，就是整路看著價格突破而已。

　　何時下車，也是很多投資人不會拿捏的。其實這是看個人的格局，看你想要賺多少。在我的學生當中，有的是初學者，咖啡只抱幾個小時或是幾天，能夠賺個幾百美元就滿足了。

　　但是我是喜歡賺波段，成本一定要建立在低點，每口100元以下建立，等價格拉到120～130元以後，根本就不用計較在哪裡出場了。

　　只要建倉在底部的人，往上都是加碼點，空手的人則可等價格拉回，看價格重回5日線不破，或是跌破站回5日線再進場。

　　如果觀察咖啡過去的線型，會發現其實咖啡的走勢，很少會在短時間內發生AV轉，都是盤整後才會下來，所以就算買在相對高點，也還有解套的機會，但是等價格噴出去才追高買進的人，壓力會比較大，所以要在出發時買進才好。

　　你上車之後，何時可以放心把單子繼續放著？有兩個指標可以觀察，**一個是5日線和月線的斜率轉正，尤其當這兩條線都同時往上時，就如同股價的雙引擎，表示還會有一段漲幅**，所以此時千萬不能急於獲利下車。

　　另一個指標是，觀察前面的末跌高位置（下跌波段中，最後一個負反轉的轉折高點），如果漲幅達到前波段的下跌點，代表是第一滿足點，等於趨勢準備要反轉，由

空方轉為多方，如果漲幅還沒過，就必須要守住，才能維
持多方力道。

　　順帶一提，投資人如果抱波段單，有時候會遇到月結
算的問題，要換合約，這時投資人可以請教你的營業員，
要求對方幫忙關注結算日。**千萬要記住，每個商品期貨的
結算日都不盡相同，若忘記換約，將會被迫平倉出場。**

圖表7-35　從漲幅是否突破末跌高，來判斷走勢

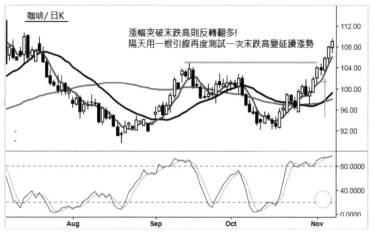

圖表提供：凱衛資訊－統 eVIP

　　很多人看到咖啡的線圖走勢後，會抱怨說：「早知道
我就90多元時進場」，事實上，投資有很多的假如、早知
道。但是假如在你遇到機會時，卻沒勇氣下單，就會錯過
最佳的進場點，只好再等個四年，尋找下一個進場時機。

　　在**投資商品期貨時，投資人務必要事先了解標的的走勢慣性**，事實上，咖啡的走勢有時也瘋瘋的，曾經一天漲到5%之多。當指數類商品沒肉吃的時候，不妨切換來商品期貨。

7-4

黃金期貨：懂得魔術數字，抓住大波段行情

從18年的歷史統計中，
尋找出黃金投資的致勝契機

　　黃金這項商品因季節性需求，通常在11月初至隔年2月底之間，會有慣性走多方趨勢，主要是因為中國與印度在重大節日上有需求，會出現大量採購。

　　過去十八年的歷史統計，這種慣性似乎持續不變，從波段來看，每次的高低差都伴隨著極大的報酬率與不可忽視的風險。在有明確的方向後，可以在區間內找回檔買進，並嚴設停損。

　　以下是過去十八年的波段價格紀錄：

　　▶2000年：11月中旬起漲，12月底回檔修正。（高低差265元～278元）

　　▶2001年：11月底起漲，2月底回檔修正。（高低差

270元～310元）

▶2002年：11月初起漲，2月初回檔修正。（高低差310元～390元）

▶2003年：11月初起漲，1月初回檔修正。（高低差376元～430元）

▶2004年：11月初起漲，12月初回檔修正。（高低差418元～458元）

▶2005年：11月初起漲，2月初回檔修正。（高低差456元～580元）

▶2006年：11月初起漲，2月底回檔修正。（高低差576元～690元）

▶2007年：11月中起漲，3月底回檔修正。（高低差775元～1033元）

▶2008年：11月初起漲，2月底回檔修正。（高低差576元～690元）

▶2009年：11月初起漲，12月初回檔修正。（高低差1025元～1225元）

▶2010年：區間整理，多頭行情短暫。

▶2011年：12月底起漲，3月初回檔修正。（高低差1520元～1790元）

▶2012年：區間整理，多頭行情短暫。

▶2013年：12月底起漲，3月底回檔修正。（高低差

1180元～1390元）

　　▶2014年：11月初起漲，1月底回檔修正。（高低差1130元～1300元）

　　▶2015年：12月底起漲，3月底回檔修正。（高低差1050元～1280元）

　　▶2016年：12月底起漲，2月底回檔修正。（高低差1125元～1265元）

　　▶2017年：12月初起漲，1月底回檔修正。（高低差1240元～1365元）

　　▶2018年：11月初起漲，2月底回檔修正。（高低差1240元～1365元）

　　在世界黃金協會（World Gold Council）近期研究報告中，有提到：因為政治問題，包括貿易緊張局勢、英國脫歐和中東動盪等相關因素在內，**黃金有可能成為比債券更具吸引力的投資標的，可能有助於未來資金進入黃金市場做避險。**

「黃金的神奇數字」令人驚訝

　　另外刀神也觀察到，黃金在2019年初曾經拉回整理過，而以週線來觀察，這一段整理時間剛好是13週。因此我在2019年11月的時候，便開始倒數計時，想確定當

黃金自高點拉回13週以後,是否真的會落底?

神奇的事情發生了,在第13週時,真的開始有人防守黃金的價位1450,大約連續兩次跌破1450再站回後,就不再見到更低的價位。

由此可見,背後的控盤主力對時間週期的計算,真的是非常的精準。由附圖更可以明顯看出,黃金的魔術數字就是13!如果你認真計算漲勢,是不是也剛好是十三週呢?

圖表7-36 黃金的魔術數字

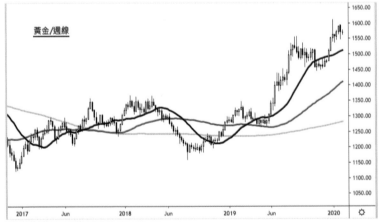

圖表提供:TradingView

當時(2019年11月)的黃金價格拉回約在1450～1470附近,即將進入傳統落底時間,我毅然決然選擇在

此區間開始逢低承接。

期間洗盤次數不下數十次，即使價格已站上小綠，還是有多次跌破，觸價出場次數不計其數。但我根據歷史統計經驗與實際站上小綠即做多的原則，不斷偏多操作，我相信等到價格噴出那天就沒有觸價問題，有機會扶搖直上雲霄。

刀神知道教科書上的交易都是平步青雲，但是在實戰市場當中，即使做對方向，若是沒有堅持重新進場的勇氣，被甩轎也是常有的事情。

圖表7-37 ▶ 黃金價格經過多次刷洗，終於出現藍綠金叉

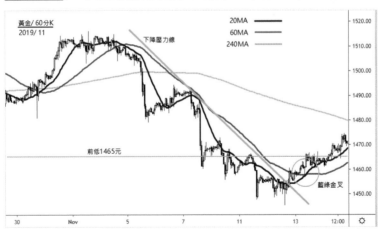

圖表提供：TradingView

而在多次刷洗之後，刀神看到黃金開始扭轉頹勢，從

小藍（20 T）站上小綠（60 T）以後，我最關心的是何時能夠站上小橘（240 T）？因為沒有站上小橘（**240 T**），就沒有波段操作的機會，會不斷的被壓力回洗。

經過不斷被洗出場，刀神最後一次建倉完成，10口均價已來到1488，不過由於我還是擔心會被洗盤，因此在漲過成本後，我仍然建立了保利措施，即便回洗下車，還是可再重來一次。

因為12月到2月期間，我打算偏多操作，在這種預期下，當然看到價格愈是墊高，我愈是開心，**後文的「刀神語錄」也會提到，做多時，愈買愈貴當然是好事，且當藍綠橘團結在一起時，必定有大事發生！**

不看壓力來決定出場，造就一次成功的交易

進入12月後半時，刀神便見證奇蹟發生了！當藍綠金叉、三條均線開始發散以後，黃金直噴1490～1500區間，挑戰前高，套刀神語錄的一句話：「支撐不破壓力必過」，當時很多人推測1500關卡不會過，但其實刀神只看小藍（20 T）跌破了沒？若沒破則續抱。

漲勢看支撐不看壓力，1500、1520、1550三個價位都是壓力，若光看壓力，很多人會選擇在1500時出場，但是難道你要這樣放棄大好前程嗎？

刀神藉由成本優勢，看著這筆單的損益從6千美金往

上跳到1萬美金，忍耐一週以後，當黃金站上1545時，我見到了5萬美金大關，但這樣就結束了嗎？

這是很多人抱波段最大的問題：「賺夠了嗎？」我們該看損益操盤，還是秉持原則，能否堅持小綠（60T）正斜率多頭抱到底，這同時決定了我們打算做何種交易人。

此時當然也是可以進行短線操作不留倉，但記得別輕易為了短暫的逆勢交易，而放棄原本的大波段行情，短進短出，但方向要一致。

因為順勢交易即使錯了，也有機會回本，但一旦逆勢交易，忘了及時下車，可能就是與火車對撞。到時候，相信受傷的那一方絕對不是火車吧！

敢抱的勇氣，造就波段里程碑

刀神在12月期間，在各大券商與期貨商邀請下，會在活動中不停提醒投資人黃金正在走的多頭行情，同時也以身作則一路抱上去，在2020年1月，剛好遇上了伊朗反擊美國事件，黃金直衝1600關卡，這也是刀神一年以來最高的單筆紀錄。

從1480做到1600，波段抱單交易是多少海期策略單的終極目標，而在三線糾結，出現黃金交叉時進場的機會，又有多麼的難得可貴？同時也驗證會買不如會抱，沒有抱下去的勇氣何來里程碑的達陣呢？

　　操作海期商品，一年之中沒有多少次大波段的機會，漲多了會跌，甚至會反轉，跌深了也會反彈，能夠吃飽喝足的機會真的很少很少。說真的，刀神這次能夠抱到大波段黃金，而不是箱型整理時期的黃金，運氣與時間都很重要。

　　黃金屬於季節性操作商品，按過去的歷史經驗，在多頭波段時進場觀察，符合三刀流的要件，我們就給它一次好好表現的機會。而它終究沒讓我們失望，不是嗎？

圖表7-38　一路向上噴的波段表現

圖表提供：TradingView

圖表7-39　站上5萬美金的損益紀錄（單位：美金）

NOTE

NOTE

LESSON **8**

刀神戰法與語錄，
助你一路爆賺！

被房地產耽誤的金融操盤手

投資股市原本只是我的興趣，我的家族事業是房地產，所以朋友都開玩笑說：「刀神是被房地產耽誤的金融操盤手。」我讀完國外研究所回國後，就開始負責建設公司的業務執行，常面對動輒上億元的交易，逐步累積我的投資敏銳度。

最高峰時期，公司手上持有多達樓地板1.8萬坪銷售面積，總銷售額約在30～40億元。地產商每開發一個案子，投入資金就是好幾億元，承擔極大的風險，我常常應付這種心理壓力。

此外，地產是很靠景氣吃飯的行業，房子蓋好賣得快就能支付銀行利息。像是房市走下坡的時候，假如有客人買房子想和你講價，每坪殺價1萬元，40坪就是40萬元。雖然你不想賣給他，但是如果不賣，該戶的銀行利息就要50萬，那究竟要不要賣？無論做什麼選擇都讓你感到頭痛。

過去我在地產建設業，每個月光是營造撥款就達2千萬以上，已經看習慣大錢來來去去。與投資股市相比，股市不僅相對金額較小，獲利也相對簡單，即使是小資族也能穩紮穩打，逐步達到財富自由。

我舉出一件事當例證，讀者就能看出股市獲利確實相

對簡單。我過去在地產建設業，輸贏動輒幾億元，像是這幾年房市景氣不好，為了周轉資金，許多建設公司同行即使賣一塊土地會虧損4億元，照樣必須賣掉。想一下，在股市停損，4萬元都按不下去，何況是4億元？

不只是財務上的考量，以前在公司內從發包、銷售到內勤，這麼多的事我都要管。還記得有一次，兩個分屬不同班的模板工人，因為工作細節上的糾紛而直接在工地打了起來，我只好緊急找「工地圍事」過來處理。

圍事聽說後，帶了「傢伙」來把這些工人全部帶出場，還跟撂來的人說：「要打死人可以，不要在工地範圍內。」這就是工地的實況。

同時工人的性情也難以控制。曾經有一個鋼筋工人因亂停車遭到警察開單，我立刻出面請他將車移走，沒想到他竟「奇檬子」不爽，拿起一根模板用的木柱，作勢要打我。

為了他這一個舉動，負責帶他的領班事後不得不開一桌酒席，罰了不知幾杯的酒才保住他們的工作。工地面對的是基層，有很多你不能用理性去看待的事情，是一個與教科書上完全不一樣的世界。

我管理的工地一天有200人上工，廠商之間的眉眉角角是教科書上不會教的。若要舉一個你待過工地的證明，就是被鐵釘刺穿腳的經驗，不用問，待過工地的人幾乎都

經歷過這件事，因為工地的鐵釘實在太多，記得穿上鋼頭鞋就對了。

股市的走勢就像是蓋房子

台灣的房市自2014年推出房地合一稅之後，景氣逐步走下坡，加上公司合資的股東之間發生理念上的分歧，最後決議分拆股份，我便轉以金融股市操盤為主。

與地產不同的是，地產是吃多頭的行業，但是股市卻多空都能賺。還有，只要手上有一台電腦，我到天涯海角都能在股市裡提款，可以說是真正的「財富」「自由」。

其實，股市的走勢也可以比喻為蓋房子，結構沒有被破壞以前不會垮，反之，建築的結構若太過脆弱，就容易因為輕微的地震而導致主體結構遭到破壞。

本書中提及的技術指標，就是教你怎麼判斷結構的變化。在形態學裡，一個買點的成形，可能必須經過一個月以上的地基建構，打底，然後逐漸往上搭建，過程之中，不斷測試前面一層的混凝土強度達標了沒，只要前一層的結構尚穩，都還有繼續往上搭建的可能。

然而在股市中，很多人往往沒有耐心去等待買點，無法靜下心來等待一層一層往上爬的機會，這就是法人與散戶最大的不同。

進場點位最好選擇打底過後，重新站回5日線的位

置。通常「好的買點總是不舒服」，有時離過去的高點還很遠，線型沒有爆發前，都是不吸引人的。但是，**進場點優秀就能提供最好的成本控制，獲利後選擇保利或是防守點，都以保本為優先**，這就是「凡有獲利，必先保本」。

　　散戶的看盤重點每天都可能是反轉點，但法人從來不抓反轉點，他們順勢操作，直到垮台發生時才慢慢轉身離開。是的，法人總是直到股價漲到最高點還在買進，所以若你發現自己的投資加碼點是愈買愈貴，別擔心，這其實是件好事。

　　在股市形態中，價格反覆拉回測試只要不破壞結構，都不會影響法人的獲利，**大家常說「漲多會拉回」，這句話是對的，但拉回未必會破壞結構，只要結構沒受到破壞，股價拉回5日線或重新站上5日線都可能是買點或空點。**

　　投資初學者建議做順勢單，可以賺波段的獲利，進階者再來做逆勢單，例如漲多拉回的短空單。這就是「逆勢短打，順勢波段」。

會買不如會抱，心境決定你的獲利

　　經過長時間練習以後，你會發現「會買不如會抱」，很多人有被害妄想症，老是覺得指數過熱，股價快要跌下來，所以即使買到會漲的股票也總是抱不久，常常自己嚇

自己。這就是賺錢的心境問題。

心境會影響到你釣到的是吳郭魚，還是龍膽石斑魚。一旦學會抱單以後，投資人就會知道：「交易次數不用多，方向對了最重要」。

學會進場、加碼，還要決定怎麼出場，這決定你怎麼活下來。很多人交易指數期貨商品往往會預設出場點，這樣做有兩個缺點。

1. 如果沒有發生預定情況，你會一直等待它發生，即便股市已經轉向，你也來不及逃脫。

2. 即便如預期到達預計的目標值，但是因為你在到達的時候賣掉，假如後面還有更大的波動，這樣做就會錯過後來的大行情。

因此，面對市場的態度，應該是「讓市場決定你可以賺多少，只防守不主動下車」。

實際的做法應該是上漲看支撐，下跌看壓力，如果「支撐不破，壓力必過」。

上漲過程將支撐設為出場點，意思是「沒有回檔到跌破支撐就不出場」，下跌過程看壓力，意思是「空單出場點應該設在漲過壓力帶的位置」，所以只要多單沒有跌破支撐或空單沒有漲過壓力，絕不輕易離場。一定要記得：

「斜率愈大，支撐壓力愈強」。

　　同時，若股價沒有跌破支撐，就不要自己嚇自己，即使跌破也不要自己安慰自己，該出場時就出場。出場後可以更理智觀察股價線，這時你將會發現「洗過的行情最會噴，洗出場的價位，再見時就再買」。所以出場並不可怕，發現買點再進場就好，隨時保持靈活彈性。

　　投資的操作規劃一定要事先設定好，但設定一個好的出場位置更為重要。太過於仰賴目標價出場的操盤，等同於投資人自己事先假設有預知未來的能力，這往往是造成鉅額虧損的主因之一。

交易要看準訊號，切忌胡亂過度交易

　　除了好的進場位置，很多人在交易上，面臨股市一下漲、一下跌，然後又反彈的局勢時，會憑感覺亂來，結果造成過度交易。依照刀神的策略，如果你的控點只有小藍（20T）、小綠（60T），你就能更專注在投資訊號上，不會躁進。

　　加上，如果你的交易是順勢的，代表盟友很多，如果不小心價格買高了，還是會得救。例如當你在60分K跟日K都買在相對高的位置，可能會懊惱成本太高，但是沒關係，順勢的浪頭還是會繼續把價格往上推，還是有獲利的機會。

其實，以做空來說，我建議的正確做法應該是跌破「控制點」時做空，漲過「控制點」再回補。

這種「被動式交易」的老二哲學，乍看之下好像會失去很多賺錢機會，但是投資人只要冷靜思考就會發現，你愈想去賺的錢有時愈難以賺到，甚至往往都賺不進口袋，不是嗎？每天都有高低差，這些變動你都不想放棄，但這樣過度交易的結果，有獲得比較好的結果嗎？

交易的重點在於心法，這不僅僅需要掌握判斷訊號的技巧，更需要一顆強大的心臟。在洗盤時，心如止水、按兵不動，其實比下單還要困難。

這當然關係到你把金錢看得多重，也就是這筆錢的損益對你生活的影響有多大。**換句話說，要維持好的心境來進行操盤，第一件事就是「確實做好資金控管」！將資金的損益，控制在自己能夠心如止水的水位**，才是正確的觀念。

以下為刀神語錄總結：
1. 支撐不破，壓力必過。
2. 凡有獲利，必先保本。
3. 逆勢短打，順勢波段。
4. 斜率愈大，支撐壓力愈強。
5. 五日線回測，都是買點或是空點。

6. 60分K以下的震盪指標都忽略，以上的震盪指標找背離。

7. 日K的趨勢線最大，若突破一定要反向 （例如下跌趨勢不會因為一天漲就改變）。

8. 停損是你的好朋友。

9. 好的買點總是不舒服。

10. 60分K與日線同方向，做錯也能得救。

11. 紀律操作，輸給紀律不可恥。

12. 會買不如會抱。

13. 讓市場決定你可以賺多少，只防守不主動下車。

14. 洗過的行情最會噴，洗出場的價位再見到就再買。

15. 愈買愈貴是好事。

16. 股價沒有跌破時不要自己嚇自己、即使跌破也不要自己安慰自己。

17. 漲勢看支撐，跌勢看壓力。

18. 交易次數不是重點，方向才是。

　　本書提供有心在交易上長期獲利的學員基礎與概念，現在我幾乎每個月都會舉行一次「刀神實戰教室」，在教室讓學生現場看我怎麼操盤。

　　有些上課完的同學會問我：「老師，賺到錢你會再壓在期貨嗎？」對於這種問題，我會告訴他們：「你就花掉

啊，買車、買房、出國旅遊都好，不要到頭來白忙一場就好。」

我的看法是，不要把全部身家都押在一個高風險的區域，行有餘力之時，也要懂得孝敬自己，才不枉花了大把光陰在學習投資，或是把錢拿來存點保險、債券也是可以的。

總之，建議對交易具有熱情的期貨交易員，在投資的路上穩健獲利之餘，更要保持身心健康，才能一路爆賺下去。

NOTE

國家圖書館出版品預行編目(CIP)資料

海期刀神的 60 分 K 獲利術：一小時學會「均線與斜率」，賺 100% 的致勝雙刀流！
／刀神著 —— 新北市 ； 大樂文化 , 2021.08
240 面 ； 公分. –（Money ; 44）

ISBN 978-986-5564-46-9（平裝）
1. 證券投資　2. 投資技術　3. 投資分析
563.53　　　　　　　　　　　　　　　　　　　110013393

Money 044

海期刀神的 60 分 K 獲利術（全新修訂版）
一小時學會「均線與斜率」，賺 100% 的致勝雙刀流！

作　　者／刀　神
封面設計／蕭壽佳
內頁排版／思　思
封面插圖／郭侑菱
責任編輯／林映華
主　　編／皮海屏
發行專員／呂妍蓁、鄭羽希
會計經理／陳碧蘭
發行經理／高世權、呂和儒
總編輯、總經理／蔡連壽
出 版 者／大樂文化有限公司（優渥誌）
　　　　　地址：220 新北市板橋區文化路一段 268 號 18 樓之 1
　　　　　電話：（02）2258-3656
　　　　　傳真：（02）2258-3660
　　　　　詢問購書相關資訊請洽：2258-3656
　　　　　郵政劃撥帳號／50211045　戶名／大樂文化有限公司

香港發行／豐達出版發行有限公司
地址：香港柴灣永泰道 70 號柴灣工業城 2 期 1805 室
電話：852-2172 6513　傳真：852-2172 4355

法律顧問／第一國際法律事務所余淑杏律師
印　　刷／韋懋實業有限公司

出版日期／2020 年 2 月 24 日
　　　　　2021 年 8 月 16 日全新修訂版
定　　價／450 元　　（缺頁或損毀的書，請寄回更換）
I S B N　978-986-5564-46-9

優渥叢書